基礎基本シリーズ①

最新 生徒指導論

改訂版

原田恵理子
森山賢一 編著

大学教育出版

は じ め に

　2015（平成27）年に『最新　生徒指導論』が刊行されてから9年が経ち、学校現場は今もなお、暴力行為、不登校、非行、虐待などの課題が山積しています。なかでもいじめの重大事態や児童生徒の自殺者数の増加傾向は懸念される状況にあり、加えて、インターネット問題、多様な背景を持つ子どもたちへの対応も求められ、生徒指導に係る知識の獲得、指導力・対応力の向上はますます重要になってきています。このような状況下で、学校には大きな教育の使命が2つあります。一つは、学力を身に付けさせ児童生徒一人一人のキャリア発達を促進し希望する進路を実現させること、もう一つは、社会性を身に付け立派な社会人としての人格を持つ人間を育成することです。学校が教育目標を達成するためにも、生徒指導は人格の形成を図る上で重要な役割を担っています。だからこそ、問題行動や課題に対応するだけでなく、全ての子どもを対象に発達を支援し、可能性を最大限に引き出す教育を組織的に取り組む必要があります。つまりは、学習指導要領に定められているように、一人一人の児童生徒の人格を尊重し、個性の伸長を図りながら社会的資質や行動力を高めていくことが求められているといえます。

　そこで、教職課程の学生が生徒指導を行う上での必要な知識を習得することができるよう、また、現職の教師は生徒指導を進める上で実践の場に役立てることができるように、生徒指導提要の改訂を踏まえて、前書を改訂いたしました。本書では、生徒指導提要にまとめられている内容に対し、生徒指導の意義や生徒指導の構造、教育課程との関係、生徒指導を支える組織体制といった生徒指導の基本と、今日的課題に対する関連法規、具体的な指導・対応とそれに伴う発達段階や教育学・心理学的視点を加えた内容となっています。そのため、生徒指導提要と並行して読んで内容を深める、あるいは生徒指導提要を読む前後の導入や学びの補完として活用することもできます。このように、本書が教職を目指す学生たちや現職の教師の羅針盤として、役立つことができれ

ば、執筆者一同この上もなく幸せです。

2024 年 3 月吉日

原田恵理子

基礎基本シリーズ ①
最新 生徒指導論 改訂版

目　次

第2部　生徒指導における今日的課題

第1部 生徒指導概論

第1章

生徒指導の意義と概念
·········

1 生徒指導の定義と目的

（1） 生徒指導の定義

　教育基本法第1条においては「教育の目的」を、「人格の完成を目指し、平和で民主的な国家及び社会の形成者として必要な資質を備えた心身共に健康な国民の育成を期して行わなければならない」としている。ここでは「人格の完成」について「個人の価値と尊厳との認識に基づき、人間の備えるあらゆる能力を、できる限り、しかも調和的に発展せしめること」と説明がなされている。同法第2条第2号では、目標の一つとして、「個人の価値を尊重して、その能力を伸ばし、創造性を培い、自主及び自立の精神を養う」ことが掲げられている。

　2022（令和4）年、12年ぶりに改訂された『生徒指導提要』においては、これらの教育の目的や目標をこれまでの生徒指導の概念を継承しつつ、現代の社会変化も踏まえて、以下のように示している。

> 生徒指導とは、児童生徒が、社会の中で自分らしく生きることができる存在へと、自発的・主体的に成長や発達する過程を支える教育活動のことである。なお、生徒指導上の課題に対応するために、必要に応じて指導や援助を行う。

　この定義において生徒指導は、児童生徒の自発的・主体的に成長や発達す

る過程を支える教育活動とされており、まさにその主体は児童生徒自身であり、教職員はそれを支える重要な専門的サポーターとして位置付けられ、児童生徒のいじめや不登校等生徒指導上の諸課題に対して、その状況に応じて指導や援助を行うこととされているのである。

　つまり、生徒指導は児童生徒が自身を個性的存在として認め、自己に内在しているよさ、可能性に自ら気付き、引き出し、伸ばすと同時に、社会生活で必要となる社会的資質・能力を身に付けることを支える働き、機能そのものである。したがって、生徒指導は学校において学校教育目標を到達する上で重要な機能を果たすものであり、学習指導と生徒指導が両輪となって学校教育の重要な意義をもつといってよい。

（2）　生徒指導の目的

　さきに述べた定義を受けて、『生徒指導提要（改訂版)』においては生徒指導の目的を以下のように示している。

> 生徒指導の目的
> 生徒指導は児童生徒一人一人の個性の発見とよさや可能性の伸長と社会的資質・能力の発達を支えると同時に自己の幸福追求と社会に受け入れられる自己実現を支えることを目的とする。

　生徒指導の目的は、教育課程の内外を問わず、学校が提供する全教育活動の中で、児童生徒の人格が尊重され個性の発見とよさや可能性の伸長を児童生徒自身が図り、多様な社会的資質・能力を獲得し、自らの資質・能力を適切に行使して自己実現を果たすべく自己の幸福と社会の発展を児童生徒自らが追求することを支えるところに求められると言及している。これまで生徒指導は「個性の伸長」を目指すとされていたが、上述した『生徒指導提要（改訂版)』においては、「個性の発見とよさや可能性の伸長」を支えるとされた。これは「個性」の定義の拡大を踏まえたものである。

　また、「生徒指導の目的を達成するためには、児童生徒一人一人が自己指導

能力を身に付けることが重要です」と述べられているように、生徒指導により育まれる資質・能力においては、自己指導能力が重要であることから「自己指導能力」の定義を以下のように示している。

> 児童生徒が、深い自己理解に基づき、「何をするべきか」、主体的に問題や課題を発見し、自己の目標を選択・設定して、この目標の達成のため、自発的・自律的、かつ、他者の主体性を尊重しながら、自らの行動を決断し、実行する力

　このように「自己指導能力」は現行の学習指導要領が目指す方向性も反映されている。

　生徒指導において発達を支えるとは、自信や自己肯定感等の児童生徒の心理面の発達のみならず、興味・関心・学習意欲等である学習面、進路意識、将来の展望等の進路面さらには生活習慣、メンタルヘルス等の健康面の発達を含む包括的なものである。

（3）　生徒指導とキャリア教育及び教育相談との関係

　生徒指導と同様に、キャリア教育は児童生徒の社会的自己実現を支える教育活動として位置付けられている。このことからも、生徒指導を進めていく上では、生徒指導とキャリア教育の相互作用について理解し、両者が一体となった取組が必要である。

　キャリア教育は学校教育全体で進めるという前提の下で、これまでの教科での学びや体験活動等を振り返ることを通して、教育活動全体の取組を自己の将来や社会につなげていくことを求めている。

　現在、小・中学校学習指導要領総則においてはキャリア教育について次のように示している。

> 児童（生徒）が、学ぶことと自己の将来とのつながりを見通しながら、社会的・職業的自立に向けて必要な基盤となる資質・能力を身に付けて

いくことができるよう、特別活動を要としつつ、各教科等の特質に応じて、キャリア教育の充実を図ること。

　進路指導については、「その中で、生徒が自らの生き方を考え主体的に進路を選択することができるよう、学校の教育活動全体を通じ、組織的かつ計画的な進路指導を行うこと」と中学校学習指導要領に示されていることから、キャリア教育の中に進路指導が包含されており、高等学校学習指導要領にも同様の内容が示され、さらに、小学校学習指導要領も同様となっている。「小学校学習指導要領　第6章」「中学校及び高等学校学習指導要領　第5章」でそれぞれ示されている特別活動の学級活動・ホームルーム活動の内容項目（3）が「一人一人のキャリア形成と自己実現」となっており、小・中学校・高等学校を通じたキャリア教育の積み重ねの重要性が指摘されている。

　教育相談は生徒指導から独立した教育活動ではなく、生徒指導の一環であり、その中心的な役割を担っている。『生徒指導提要（改訂版）』においては、教育相談の特質と生徒指導の関係について詳細な解説がなされている。

　一つは、「個別性・多様性・複雑性に対応する教育相談」として、教育相談においては、個別相談やグループ相談がなされているが、児童生徒の個別性を重視しているため、主として個に焦点を当てて、個の内面の変容を図ることを目指している。これに対し、生徒指導は主として集団に焦点を当て、学校における行事や様々な体験的な活動などにおいて、集団としての成果や発展を目指して集団に支えられた個の変容を図るものである。

　さらには、現状をみるとき、社会の急激な変化とともに、児童生徒の発達上の多様性や家庭環境の複雑性も増している中、深刻ないじめ被害のある児童生徒や長期不登校児童生徒への対応、ならびに障害のある児童生徒等、特別な配慮や支援を要する児童生徒への対応など、様々な児童生徒への対応が求められる。したがって、生徒指導における教育相談は現代の児童生徒の個別性・多様性・複雑性に対応する生徒指導の中心的な教育活動なのである。

　二つは、「生徒指導と教育相談が一体となったチーム支援」として生徒指導と教育相談が一体となって未然防止、早期発見、早期支援・対応をはじめ、事

案の発生した時点から事案の改善・回復・再発防止まで一貫した支援に重点を
おいたチーム支援体制の構築が求められているのである。

2　『生徒指導提要』の改訂とその要点

（1）『生徒指導の手びき』から『生徒指導提要』（2010 年）へ

　我が国の学校教育において、生徒指導は学習指導と並んで重要な教育活動と
して位置付けられていた。2010（平成 22）年 3 月に文部科学省は生徒指導の
基本書として『生徒指導提要』を刊行した。

　この『生徒指導提要』が刊行される前までは、『生徒指導の手引』が文部省
によって作成され、学校現場では生徒指導ガイドブックとして活用されてい
た。

　1965（昭和 40）年に『生徒指導の手びき』（文部省）が刊行されたが、この
文中に以下のような記述をみることができる。

> 　生徒がそれぞれの持つ素質、環境、生育歴、将来の進路などに即して、現在の
> 生活に適応し、個性を伸長させていくとともに、将来社会の中で自己実現が図れ
> るような資質、態度を育成していくうえに、人間形成の場としての学校教育のた
> めに、一つの指針となるであろう。

　この記述をみると、同書は、校長や教員を含め、全教職員に生徒指導を正
しく理解し、その実践を行う上での大まかな指針、いわゆるガイドラインとし
て存在していたといえる。

　この『生徒指導の手びき』は、1981（昭和 56）年に改訂版が刊行され、書
名が『生徒指導の手引（改訂版）』（文部省）となった。この改訂版においても、
さきの記述部分は同様の記述である。2010 年 3 月には、生徒指導の基本書と
して、『生徒指導提要』が文部科学省により刊行された。同書においては「生
徒指導とは、一人一人の児童生徒の人格を尊重し、個性の伸長を図りながら、
社会的資質や行動力を高めることを目指して行われる教育活動のこと」と示さ

れるとともに、「生徒指導はすべての児童生徒のそれぞれの人格のよりよき発達を目指す」とされている。

　この記述においては、生徒指導が本来全ての児童生徒を対象とした教育活動であることに注視することが重要である。そもそも『生徒指導提要』は何のためにつくられたのかという点については誰しも興味のあるところであろう。

　このことについては2010年3月『生徒指導提要』の「まえがき」において以下のように述べられている。

　　　小学校段階から高等学校段階までの生徒指導の理解・考え方や実際の指導方法等について、時代の変化に即して網羅的にまとめ、生徒指導の実践に際し、教員間や学校間で教職員の共通理解を図り、組織的・体系的な生徒指導の取組を進めることができるよう、生徒指導に関する学校・教職員向けの基本書として、この『生徒指導提要』を取りまとめました。

　つまり、『生徒指導提要』は、時代の大きな変化に即した小学校から高等学校までの生徒指導に関しての基本書、共通教科書として位置付いている。

　同書では、生徒指導の目的を次のように説明している。

　　　生徒指導は、一人一人の児童生徒の伸長を図りながら、同時に社会的な資質や能力・態度を育成し、さらに将来において社会的に自己実現ができるような資質・態度を形成していくための授業・援助であり、個々の児童生徒の自己指導能力の育成を目指すものです。

　ここで述べられている文言は、生徒指導の定義としても捉えられる。

　このように生徒指導は、「個性の伸長」である「個人的側面」と「社会的な資質・態度の育成」といった「社会的側面」の両面をあわせもって、児童生徒の「自己実現」を図っていくための「自己指導能力」を育成することが目的とされている。

　ここで示された「自己実現」とは、自己の発達の可能性を成就することであるが、この「自己実現」に注目した心理学者のマズローは「自己実現」こそ人間の最高レベルの欲求であることを説いた。さらに、ロジャーズにおいても人

が自己の内に潜在している可能性を最大限に実現して生きていることと概念化して、健全な人間を人の一生において最も重要な目標を定め、努力する存在であると言及した。

その「自己実現」に関わって児童生徒に育成する「自己指導能力」については、その時、その場でどのような行動が適切であるのか、自身において考え、決定し、実行する能力である。したがって、自分で自分自身を方向付ける能力を意味しているといえる。

（2）『生徒指導提要（改訂版）』（2022年）の概要

2022年に『生徒指導提要』が12年ぶりに改訂された。これは、学校における生徒指導の在り方の全体像を示す「学校・教職員向けの基本書」として位置付けられ2010年に刊行された『生徒指導提要』の改訂版である。これまでの『生徒指導提要』（2010）を改訂するに至った理由については、生徒指導を実践する上で問題点が生じていたことが挙げられる。

一つは具体的には、2013（平成25）年に「いじめ防止対策推進法」の公布・施行、2016（平成28）年には「義務教育の段階における普通教育に相当する教育の機会の確保等に関する法律」などをはじめ、生徒指導に係る諸法の改正施行によって生徒指導の在り方が大きく変化するに至ったことである。2022年6月、国会で成立をみた「こども基本法」も生徒指導の在り方と密接な関係にある。

さらには2017（平成29）、2018（平成30）、2019（平成31）年の「学習指導要領」公示、2015（平成27）年の中央教育審議会における「チーム学校」、2019年から議論となっている「働き方改革」、2021（令和3）年に打ち出された「令和の日本型学校教育」の実現、これらの全てにおいて、生徒指導は全面的に取り上げられ、現代の複雑な社会の中で時代のニーズに呼応した生徒指導の在り方が切望されていた。

二つには、『生徒指導提要』（2010）において指摘されていた概念、用語の不統一、家庭訪問に関する取り扱い、いじめ、不登校、暴力行為などの重要な諸課題に対しての説明不足など、内容面においても課題が指摘されていたこと

である。

　これらの課題を背景に、生徒指導の概念・取組の方向性等の再構築を踏まえて、新たな『生徒指導提要（改訂版）』（2022）が刊行されたのである。

　この新たな『生徒指導提要（改訂版）』（2022）と『生徒指導提要』（2010）の違いは形式面からみると、フルカラーのPDFによるデジタルテキストで無償公開されている点である。また、全体で2部構成をとり、第Ⅰ部を理論編、第Ⅱ部を個別の課題に対する生徒指導を整理し、課題別実践編として各課題を偏りなく包括的に示している特徴をもつ。

　後者は、諸課題に実際に直面した場合の事後対応的な「直す」「関わり続ける」生徒指導である。

　内容面においての特色としては、生徒指導の定義を社会の中で自分らしく生きることができる存在へと児童生徒が自発的・主体的に成長や発達する過程を支える活動であるとし、その目的を「児童生徒一人一人の個性の発見とよさや可能性の伸長と社会的資質・能力の発達を支えると同時に、自己の幸福追求と社会に受け入れられる自己実現を支える」としたことである。

　さらに「生徒指導の実際上の視点」については、多様な教育活動を通して、児童生徒が主体的に挑戦したり、「多様な他者と協働して創意工夫したりすることの重要性」を実感させるため、①自己存在感を感受できるような配慮、②共感的な人間関係の育成、③自己決定の場の提供といったこれまでの生徒指導の3機能に関する内容に、④安全・安心な風土の醸成を1つだけ加えた4点が示されている。

　さらに近年の生徒指導におけるトラブルは、法律による対応や解決を行うことが一般的であるため、いじめ防止対策推進法をはじめ法律に関してリーガル・ナレッジの確実な習得とコンプライアンス（法令遵守）の徹底が求められている。

　また、多様な背景をもつ児童生徒への生徒指導については、近年特に重要な課題の一つとして挙げられており、十分な対応が求められる。

　現在の状況は、実際の通常学級における発達障害の児童生徒への生徒指導をはじめ、うつ病、統合失調症、摂食障害などの児童生徒、精神疾患や健康問

題を抱えている児童生徒、家庭の貧困や複雑な人間関係下に生きる児童生徒、外国籍児童生徒等といった課題が山積している。これらの課題に対しても『生徒指導提要（改訂版）』は生徒指導の観点から的確な対応を示している点も特徴として挙げられる。

3 生徒指導を実践する上での4つの視点

生徒指導は学校全体の教育活動を通じて、児童生徒が主体的に課題に挑戦したり、多様な他者と協働しながら、成長していく中で児童生徒の自己指導能力を獲得したりするための支援を行うものである。このため、『生徒指導提要（改訂版）』では、日常の学習指導や学級・ホームルーム経営において、特に留意すべき実践上の視点を4点挙げている。

① 自己存在感の感受

児童生徒があらゆる学校生活の場面において、「自分も一人の人間として大切にされている」という自己存在感を実感することが大切である。

② 共感的な人間関係の育成

支持的で創造的な学級・ホームルームづくりが生徒指導の土台となるわけであるから、学級・ホームルームづくりの早期の段階において、自他の個性を尊重し、相手の立場に立って考え、行動できる相互扶助的で共感的な人間関係をつくりあげていくことが重要である。

③ 自己決定の場の提供

児童生徒が自己指導力を獲得するためには、授業場面で自らの意見を述べる、観察・実験・調べ学習等を通して自己の仮説を検証するなど、自ら考え、選択し、決定する等の体験の場を十分担保することが重要である。自己決定の場を広げていくためには、現行の学習指導要領に示されている「主体的・対話的で深い学び」の実現に向けた授業改善を進めていくことが求められる。

④　安全・安心な風土の醸成

　学級・ホームルームで児童生徒一人一人が、個性的な存在として尊重され、安全かつ安心して学校生活を送ることができるように配慮することが必要である。

4　生徒指導の人間観・発達観と教育観・指導観

（1）重層的支援構造モデルによる計画的・組織的な生徒指導

　生徒指導の定義ならびに目的を踏まえた生徒指導が計画的・組織的に実践されるにあたっては、その構造を明確に示すことが重要である。

　『生徒指導提要（改訂版）』（2022）においては、その実践モデルとして2軸3類4層からなる重層的支援構造を柱としている。この構造モデルは、これまでの『生徒指導提要』（2010）において「成長を促す指導、予防的な指導、課題解決的な指導」の3階建て支援構造をより発展させたものである。

　生徒指導を組織的・計画的な実践に拠り所となるこの2軸3類4層からなる重層的支援構造モデルを分類基準に基づいて見ることにする。

　まず2軸とは、時間軸からの分類で、課題の有無を起点とした①「常態的・先行的（プロアクティブ）生徒指導」と②「即応的・継続的（リアクティブ）生徒指導」の2つの生徒指導である。前者は、自殺防止教育やいじめ防止教育などの未然防止教育を含む、日常の授業や体験的活動を通した「育てる生徒指導」である。後者は、課題が生じたときに即応的・継続的に、いじめ・不登校・少年非行・児童虐待など深刻な課題を抱える特定の児童生徒、あるいは特定の課題や問題の予兆が見られる一部の児童生徒を対象に「組織的に課題への対応、早期発見をする生徒指導」である。

　3類とは、課題性と対応の種類からの分類であり、「困難課題対応的生徒指導」「課題予防的生徒指導」「発達支持的生徒指導」からなる。

　4層とは、生徒指導の対象となる児童生徒の範囲からの分類であり、全ての児童生徒を対象とした第1層「発達支持的生徒指導」と第2層「課題予防的生

徒指導：課題未然防止教育」、諸課題の初期状態にある一部の児童生徒を対象
とした第3層「課題予防的生徒指導：課題早期発見対応」、諸課題を抱えてい
る特定の児童生徒を対象とした第4層「困難課題対応的生徒指導」の4層から
なる。

　重層的支援構造モデルをもとにすれば、今後の生徒指導においては全ての
児童生徒を対象にした常態的・先行的なプロアクティブ型生徒指導へのシフ
ト、したがって「発達支持的生徒指導」と「課題予防的生徒指導：課題未然防
止教育」が重視されるものである。

　すなわち、これまでの事後対応的で即応的・継続的な「直す」「関わり続け
る」リアクティブ生徒指導に対して、日頃の授業や体験的活動を通した課題未
然防止教育を重視した「育てる」プロアクティブ型生徒指導の充実が求められ
ているのである。

　また、重層的支援構造の支柱となるのは、児童生徒理解（アセスメント）と
学級・ホームルーム経営である。そして、専門的サポーターである教職員に
とって必要なことはチーム支援の心理的な絆となる信頼性・相互扶助的な同僚
性（Collegiality）なのである。

（2）　全ての児童生徒への生徒指導

　全ての児童生徒を対象とする生徒指導は「発達支持的生徒指導」と「課題未
然防止教育」である。

　「発達支持的生徒指導」は全ての児童生徒を対象として発達を支える働きか
けであり、まさに生徒指導の土台にあたるものである。

　したがって、「発達支持的生徒指導」は全ての教育活動において進められる
生徒指導として、児童生徒の自己理解力や自己効力感、コミュニケーション
力、人間関係形成力などの育成を目指すものである。

　一方、「課題未然防止教育」は全ての児童生徒を対象として生徒指導の諸課
題の未然防止をねらいとして行われる生徒指導である。

　具体的には、いじめ防止教育、SOSの出し方教育を含む自殺予防教育、薬
物乱用防止教育、いのちの安全教育などを指す。

　生徒指導部を中心としてスクールカウンセラー（SC：School Counselor）
やスクールソーシャルワーカー（SSW：School Social Worker）等の専門家
の協力の下、学校教育課程において年間指導計画に位置付け、実践することが
重要である。

5　個別指導と集団指導の方法原理

（1）児童生徒理解（アセスメント）とその方法

　生徒指導に共通する方法の一つとして児童生徒理解が挙げられる。この児
童生徒理解は生徒指導の基本でもあり、適切な生徒指導を計画し実践する基盤
となる。

　児童生徒理解はアセスメントと捉えることができ、児童生徒の発達や課題
に関する情報を集め、それらの情報について深く分析し、共有することであ
る。実際には生徒指導における支援目標や方法を決定するための情報・資料
を提供するものである。正確で十分な児童生徒理解によって、個に応じた指導
や支援が可能となるのである。

　児童生徒理解においては児童生徒を自己肯定感や自信・劣等感などの心理
面からのみならず、知能・学力、興味・関心、学習意欲等の学習面、友人・
教職員・家族等との人間関係の社会面、さらには、進路面・健康面といった
様々な面から総合的に理解していくことが重要である。

　児童生徒理解の方法については、授業や行事等において児童生徒の言動を
観察し、その記録を作ることや児童生徒の課題等の提出物・作品等も観察の
対象とされる。

　また、面談や質問紙調査も有効である。生活実態調査や進路希望調査、い
じめに関するアンケート調査、学力検査、知能検査に代表される心理検査、文
書精読などがある。これらの面談や調査の前提として、児童生徒理解は学級・
ホームルーム担任のみで行うのではなく、学年主任・生徒指導主任、養護教
諭、SC、SSW などの複数の目により専門的に行われることが重要である。

（2） 集団指導と個別指導の方法原理

　生徒指導の方法としては集団場面での集団指導と教職員と一人一人の児童生徒との間で展開される個別指導が挙げられる。この集団指導と個別指導は、集団に支えられて個が育ち、個の成長が集団を発展させるという相互作用によって児童生徒の力を最大限に伸ばし、児童生徒が社会で自立するために必要な力を身に付けることができるようにするという指導原理に基づいて行われる。

　したがって、教職員は児童生徒を十分に理解し、教職員間で指導について共通理解を図ることが求められる。

1） 集団指導

　集団指導では、児童生徒が社会の一員として自覚と責任、協調性、集団の目標達成に貢献する態度の育成を図るものである。

　教職員には、集団指導において一人一人の児童生徒が、安心して生活できる、個性を発揮できる、自己決定の機会を持てる、集団に貢献できる役割を持てる、達成感・成就感を持つことができる、集団での存在感を実感できる、他の児童生徒と好ましい人間関係を築ける、自己肯定感・自己有用感を培うことができる、自己実現の喜びを味わうことができるといったことを基盤とする集団づくりが求められている。

　集団指導は、主としてガイダンスによって計画的・組織的に行われる特徴を持つ。集団指導の実際においては、学級・ホームルームの時間や授業で児童生徒の学校生活への適応や信頼的で支持的な人間関係を自ら築けるように支援するもので、課題の未然防止教育などが挙げられる。発達支持的生徒指導は集団指導を中心としている。

2） 個別指導

　個別指導は、集団から離れて行われる指導と集団指導の場面において個に配慮することの2つの概念からなる。生徒指導上課題のある児童生徒には個別指導が必要である。生徒指導上の課題の増加、外国人児童生徒数の増加、通常学級に在籍する障害のある児童生徒、子どもの貧困の問題等により、多様化する子どもたちへの対応も含め、誰一人取り残さない生徒指導が求められている。

　個別指導は主としてカウンセリング（教育相談を含む）により児童生徒一人一人の教育上の問題等について、本人または保護者などにその望ましい在り方について助言をすることによって児童生徒のもっている悩みや、困難に対して解決を支援して、よりよい学校生活が送れるようにし、成長の発達の支援を図るものである。

（3）　ガイダンスとカウンセリング

　生徒指導の集団指導と個別指導に関連して、学習指導要領の第 1 章「総則」において、ガイダンスとカウンセリングによる支援の重要性が以下のように示されている。

> 学習や生活の基盤として、教師と児童（生徒）との信頼関係及び児童（生徒）相互のよりよい人間関係を育てるため、日頃から学級経営の充実を図ること。また主に集団の場面で必要な指導や援助を行うガイダンスと、個々の児童（生徒）の多様な実態を踏まえ、一人一人が抱える課題に個別に対応した指導を行うカウンセリングの双方により、児童（生徒）の発達を支援すること。

　生徒指導上の課題として、小 1 プロブレムや中 1 ギャップが挙げられる。また、人間関係で多くの児童生徒が悩みを持ち、学習面の不安だけでなく、心理面や進路面での不安や悩みを抱えることも少なくない。このような課題に対しては、教職員が学級・ホームルームの実態に応じ、ガイダンスの観点から全ての児童生徒に組織的・計画的に情報提供や説明を行う。さらにはソーシャル・スキル・トレーニング（SST：Social Skills Training）やソーシャル・エモーショナル・ラーニング（SEL：Social Emotional Learning）等の社会性の発達を支援するプログラムを実施する。

　また、カウンセリングの観点からは、児童生徒一人一人の生活や人間関係などに関しての悩みや迷いを受け止めて、自己の可能性や適性についての自覚を深めるように働きかけたり、適切な情報を提供したりしながら、児童生徒が

自らの意思と責任で生き方を選択し、決定できるようにするための相談・助言等を個別に行う。

（4） チーム支援体制による組織的対応

　生徒指導では、深刻化、多様化、低年齢化している諸課題を解決するため、組織的にチームで対応することが必要となっている。この支援チームについては３つの形態がみられる。

　　① 機動的連携型支援チーム：担任が一人で抱え込まず、生徒指導主事等と連携して協働するもので、必要なとき直ちに立ち上げることができる最小単位の個別の支援チームである。

　　② 校内連携型支援チーム：児童生徒の課題が困難な場合には生徒指導主事や教育相談コーディネーター、学年主任、SC、SSW 等、学校内の教職員が連携・協働して対応する。生徒指導部会など学校全体の支援のコーディネーションを定期的に行うチームである。

　　③ ネットワーク型支援チーム：さらに深刻な課題の場合、校外の関係機関等と連携・協働して継続的に支援を行うチームである。

　これらの「支援チーム」が学校において機能するためには、各学校の管理職のリーダーシップが大きく問われる。

　チーム支援の特徴として、一つには保護者、学校内の複数の教職員、関係機関の専門家等がアセスメントに基づき支援チームを編成し、課題予防的生徒指導や困難課題対応的生徒指導を行うことである。

　二つにはチーム支援のプロセスである。チーム支援の判断とアセスメントの実施から始まり、課題の明確化と目標の共有に進み、チーム支援計画の作成、支援チームによる実践が行われ、点検・評価に基づいてチーム支援の終結・継続と捉えることができる。

　チーム支援においては大前提として、保護者や児童生徒と事前に合意形成や共通理解を図ることが重要であることは言うまでもない。学習情報をはじめ多くのきわめて慎重な取り扱いを要する個人情報を扱うため、守秘義務と説明責任が必要不可欠であること、記録保持を的確に作成し、規定期間保存を心が

け、情報資産については自治体が定める教育情報セキュリティポリシーに準拠し、慎重に取り扱うことがが求められる。

6　生徒指導の基盤

（1）　生徒指導の基盤としての教職員集団の同僚性

　生徒指導の基盤とは、生徒指導において中核を担う教職員同士が互いに支え合い、高め合っていく協働的な関係を指すが、これを同僚性と言っている。

　そもそも同僚性の概念は、教職員の専門的な成長が、個人的な過程というよりもむしろ、共同的な過程であることを示しており、近年特に、教職員の専門的力量形成において同僚教師の援助や助言がきわめて大きな役割を果たすことが注目されている。そのため学校内の教師同士の協働関係や援助の重要性はますます大きいものとなっている。

　生徒指導においてチーム支援等を組織的かつ効果的に行うには、教職員が日頃から気軽に話ができるであるとか、困った場合に相談に乗ってもらえるであるとか、改善策を親身になって考えてもらえるといった受容的・支持的・相互扶助的人間関係が形成されることが、組織的に一体となって迅速に動きがとれるかどうかの大きな鍵となる。日頃から教職員同士が良好な人間関係を構築していることが、児童生徒への質の高い支援となる。

　さらにもう一点、生徒指導の基盤として挙げておかなければならないことは、教職員に関してのメンタルヘルスの問題である。生徒指導の実践においても当然のことながら、教職員のメンタルヘルスの維持は重要であり、近年の教職員のメンタルヘルスの不調は、精神疾患による病気療養者の増加をはじめとして深刻さを増しており、同僚性を高めることが必要不可欠となっている。受容的・支持的・相互扶助的な同僚性がある職場においては、バーンアウト（燃え尽き症候群）の軽減効果が期待されている。

　また、各自が自分の心理状態を振り返るセルフ・モニタリングの重要性も指摘されている。

（2） 生徒指導マネジメントと家庭や地域の参画

　生徒指導を切れ目なく効果的に実践するためには、学校評価を含む生徒指導マネジメントサイクルを確立する必要がある。生徒指導の実際の PDCA サイクルにおいては、「児童生徒がどのような態度や能力を身に付けるように働きかけるのか」「何を生徒指導の重点とするのか」といった目標を立てることから進め、これを基にして、生徒指導計画（P:Plan）を策定し、それを踏まえて実施（D:Do）、点検・評価（C:Check）を行い、次年度の改善（A:Action）へつなげていく。この一連のサイクルを繰り返して、生徒指導の質は向上していくのである。

　この生徒指導マネジメントにおいて重要なポイントは、このサイクルについて学校の教職員のみで運用するのではなく保護者や地域住民に参加の機会を設け、そこでの議論を踏まえて、共通理解を図り、発展していくことである。

　したがって、学校と家庭と地域という3者の連携を深め、そこで築いたチーム学校が社会に開かれた生徒指導を推進していくのである。この代表的な取組がコミュニティ・スクール（学校運営協議会制度）や地域学校協働活動である。

7　生徒指導の取組上留意すべき点

（1） 児童生徒の権利の理解に関する法

　生徒指導の取り組みにおいて、特に留意すべき点の一つは、教職員の児童生徒の権利についての理解である。児童生徒の人権の尊重という場合に、まず第1に挙げるものは児童生徒を守る法律で最も重要とされる 1989（平成元）年11月20日に第44回 国連総会において採択された「児童の権利に関する条約」である。我が国は 1990（平成2）年にこの条約に署名し、1994（平成6）年に批准し効力が生じている。

　ここでの「児童」とは 18 歳未満の全ての者を指し、児童の権利には4つの原則が規定されている。本条約の発効を契機として、児童生徒の基本的人権に

十分に配慮し、一人一人を大切にした教育が行われることが求められているのである。

　生徒指導を実践するにあたっても、児童の権利条約の 4 つの原則に理解を深めておくことが不可欠である。この 4 つの原則とは、以下のとおりである。

① 　児童生徒に対するいかなる差別もしないこと
② 　児童生徒にとって最もよいことを第一に考えること
③ 　児童生徒の命や生存、発達が保障されること
④ 　児童生徒は自由に自分の意見を表明する権利を持っていること

　第 2 に、児童生徒の権利を理解するにあたって重要な法律として 2022 年 6 月に公布された「子ども基本法」を挙げることができる。

　この第 1 章総則（目的）第 1 条は以下のような内容である。

　　　日本国憲法及び児童の権利に関する条約の精神にのっとり、次代の社会を担う全てのこどもが、生涯にわたる人格形成の基礎を築き、自立した個人としてひとしく健やかに成長することができ、心身の状況、置かれている環境等にかかわらず、その権利の擁護が図られ、将来にわたって幸福な生活を送ることができる社会の実現を目指して、社会全体としてこども施策に取り組むことができるよう、こども施策に関し、基本理念を定め、国の責務等を明らかにし、及びこども施策の基本となる事項を定めるとともに、こども政策推進会議を設置すること等により、こども施策を総合的に推進することを目的とする。

　さらに同法第 3 条（第 1 〜 4 号）の「子ども施策の基本理念」においては「児童の権利に関する条約」（1989）の内容が反映されている。同条約ならびに「子ども基本法」の内容についての理解とその実行は、児童生徒、教職員、保護者、地域住民にとって共有すべきものである。

　第 3 に児童生徒の権利の理解に重要な法律として、「義務教育の段階における普通教育に相当する教育の機会の確保等に関する法律」である。

　この法律は、不登校の児童生徒が不利益を被らないようにするため施行されたもので、教育基本法ならびに児童の権利に関する条約の趣旨に則って示さ

れている。不登校について、学校以外で学習可能な環境や不登校児童生徒の休養の必要性などが認められるなど留意すべき点が多い。

（2）ICTの活用

　次に留意すべき点は、GIGAスクール構想の展開、令和の日本型学校教育の推進により、学校におけるICT（Information and Communication Technology）活用の定着化が急速に図られている中、生徒指導においてもICT活用の推進が重要な課題となっている。ICTの活用は児童生徒に多様な学びの機会をつくり、大きな教育効果が期待されている。

　実際には、校務系データ（出欠情報、健康診断情報、保健室利用状況、児童生徒アンケート等）と学習系データ（学習記録、テスト結果等）等を組み合わせることにより、一人一人の児童生徒や学習・ホームルームの状況を多様な角度から分析・検討が可能となる。

　生徒指導と学習指導を関連付けることによって、課題のある児童生徒の早期発見・早期対応が可能となり、不登校児童生徒の支援にも活用することができる。

（3）幼児教育との接続

　さらに留意すべき点は、幼児教育と小学校教育との円滑な接続である。

　幼児教育の成果が小学校教育へと引き継がれて、子どもの発達や学びが連続するような過程が重要である。

　そのためには、幼稚園・保育所・認定こども園と小学校の教職員が積極的に交流体験や情報交換の機会をつくり、これらの機会を通して、幼児がどのように友だちのよさや自分のよさ、可能性に気付き、人に対する信頼感や思いやりの気持ちを持てるようになるのか、あるいは現状において幼児教育や小学校教育の課題がどのような点にあるのかなどについてお互いに理解を深めることが大切である。

　ここでは、幼保小の接続期におけるスタートカリキュラムの位置付けや役割を踏まえ、入学当初のみならず、その後においても小学校での生活や学習へ

のつながりを視野に検討する姿勢が求められる。幼児教育と小学校との円滑な接続を図るための基本的土台となるものは、幼稚園教育要領、保育所保育方針、幼保連携型こども園の教育・保育要領において、「幼児期の終わりまでに育ってほしい姿」として具体的に示された10項目である。この10項目は以下のものである。

---

①健康な心と体　　　　　②自立心　　　③協同性

④道徳性・規範意識の芽生え　⑤社会生活との関わり

⑥思考力の芽生え　　　　⑦自然との関わり・生命尊重

⑧数量や図形、標識や文字等への関心・感覚　　⑨言葉による伝え合い

⑩豊かな感性と表現

　小学校においては、幼児期での遊びを通した総合的な学びから、各教科等におけるより自覚的な学びに円滑に移行できるように、入学当初は 生活科を中心とした合科的・関連的な指導や弾力的な時間割の設定といった工夫、いわゆるスタートカリキュラムを編成し、実施することが重要である。

（4）　社会的自立に向けた取組

　生徒指導は児童生徒が社会の中で自分らしく生きることや、自己の幸福追求と社会に受け入れられる自己表現を支えるものである。2022年4月から民法の改正により、成年年齢が18歳に引き下げられた。つまり、学校教育上の保護者がなくなるということである。このように生徒の自立が制度的に前倒しになる一方で、ひきこもりの増加に代表されるように社会的自立が困難な状況にある若者の存在も課題となっている。生徒指導は児童生徒の社会的自立に向けた支援を行うことであるから、生徒指導とキャリア教育は密接不可分な関係にある。

【引用・参考文献】

中央教育審議会答申（令和3年答申） 2021 令和の日本型学校教育の構築を目指して～全ての子どもたちの可能性を引き出す、個別最適な学びの実現～

中央教育審議会答申（令和4年答申） 2022 「令和の日本型学校教育」を担う教師の養成・採用・研修等の在り方について～「新たな教師の学びの姿」の実現と多様な専門性を有する質の高い教職員集団の形成～

「月刊 生徒指導」編集部編 2023 生徒指導提要（改訂版）全文と解説 学事出版

石隈利紀・家近早苗 2010 スクールカウンセリングのこれから 創元社

神野健・原田恵理子・森山賢一 2015 最新 生徒指導論 大学教育出版

国連総会 1989 児童の権利に関する条約（子どもの権利条約）

厚生労働省 2017 保育所保育方針

厚生労働省 2017 幼保連携型認定こども園教育・保育要領

文部省 1965 生徒指導の手びき

文部省 1981 生徒指導の手引（改訂版）

文部科学省 2010 生徒指導提要

文部科学省 2017 幼稚園教育要領

文部科学省 2017 小学校学習指導要領

文部科学省 2017 中学校学習指導要領

文部科学省 2018 高等学校学習指導要領

文部科学省 2022 生徒指導提要（改訂版）

中村豊編著 2023 生徒指導提要改訂の解説とポイント・積極的な生徒指導等を目指して ミネルヴァ書房

渡辺弥生・西山久子編著 2018 生徒指導と教育相談 ― 生徒理解、キャリア教育、そして学校危機予防まで ― 北樹出版

八並光俊・石隈利紀ら編著 2023 やさしくわかる生徒指導提要ガイドブック 明治図書

第2章

生徒指導と教育課程

‥‥‥‥‥

　生徒指導と教育課程との関係性について学び始めると、「生徒指導は授業中にも行われるのか」という疑問が浮かぶ。これは、その背景に、生徒指導と教科（学習）指導は異なるものというイメージがあるためである。また、このイメージが、挨拶や校則指導、非行対応などの訓育的な機能に偏ると、生徒指導には知識や技能の獲得を促す陶冶的な機能はないと誤解してしまう。

　『生徒指導提要（改訂版）』（文部科学省，2022）において、生徒指導は「教育課程の内外を問わず、学校が提供する全ての教育活動の中で」展開するものとされており、実際にその範囲は教科指導よりも広い。また、生徒指導と教科指導の連関性は強く、例えば、友だちと教え合える学級の雰囲気が刺激になって児童生徒の意欲が高まり学習の定着も進むなど、生徒指導の機能を活用した教科指導は頻繁に行われている実態がある。このように、生徒指導は、各学校の教育目標の実現のために（教育課程の実施において）、教科指導と並んで重要な役割を担っている。そのため、教師は、自身の教育活動には、教科指導だけではなく、生徒指導の要素も含まれていることを十分に認識しなければならない。

　本章では、このような考え方を前提としながら、生徒指導と教育課程との関係性について、1　学級・ホームルーム経営、2　各教科、3　道徳科、4　総合的な学習（探究）の時間、5　特別活動――の観点から解説していきたい。

1　学級・ホームルーム経営

　児童生徒は、学校生活の大半を自分の学級・ホームルーム（いわゆる「クラス」のことを、小・中学校の『学習指導要領』では「学級」、高等学校では「ホームルーム」と表記している）で過ごす。そのため学級・ホームルームの居心地がよく、また、その中で良好な人間関係を構築・維持していれば、児童生徒指導上の諸問題も起こりにくいとされている。

　ゆえに、教師には、児童生徒の実態を踏まえた上で、学級・ホームルームの目標や方針を定め、児童生徒との信頼関係を築き、児童生徒相互のよりよい人間関係を支えながら、学校の教育活動の土台となる学級・ホームルーム集団をつくることが求められる。

（1）　学級・ホームルーム経営の内容と展開

　学級・ホームルーム経営の主な内容としては、①児童生徒の実態把握、②学級・ホームルームの目標・方針の設定、③学級・ホームルーム集団づくり、④係活動や委員会活動などの組織づくり、⑤教科指導の目標や方針の設定、⑥生徒指導の目標や方針の設定、⑦教室環境の整備、⑧名簿や学級通信等の諸書類作成や教材教具の用意といった事務、⑨家庭や地域との連携、⑩学級・ホームルーム経営の評価と振り返りなどが挙げられる。

　特に、②学級・ホームルームの目標・方針の設定にあたっては、児童生徒自身が考えた目標を盛り込むことも重要である。小学生の頃、年度当初や各学期の冒頭で行われる学級会で話し合いをしたことは容易に思い出せるだろう。自治的な学級・ホームルーム運営は、児童生徒一人一人の自己実現だけではなく、各学級・ホームルーム集団としての社会的自己実現にもつながる。

（2）　学級・ホームルーム集団の質を高める生徒指導

　学級・ホームルームは、発達支持的生徒指導と課題予防的生徒指導（課題未然防止教育）を実践する基礎集団である。そのため、これらの生徒指導を円滑

に進める上でも、集団としての質が高いことが望ましい。単なる学習集団としてだけではなく、児童生徒が安心して過ごせる居場所として、共に認め・励まし・支え合える集団であること、また、学級・ホームルームが直面する課題の解決に向き合える集団であることが、児童生徒の自己指導能力を育む。

　そのため、新しい人間関係が始まる新年度は、その一年の学級・ホームルームの方向性が定まる特に重要な時期となることをおさえておきたい。近年では、構成的グループ・エンカウンター（SGE：Structured Group Encounter）などの心理教育プログラムを取り入れた集団づくりも行われるようになってきた。児童生徒一人一人が自己理解や自己受容を重ねると同時に、他者理解や他者受容も行える機会を設けることで相互理解が深まり、共感的な人間関係が築きやすくなるのである。

　また、最近は、学級・ホームルーム集団の質を心理学的に評価する方法も確立されており、児童生徒の学級適応感や学校生活満足度が、教師や友人との関係や学業と関連があること（江村・大久保，2012）が明らかとなっている。時にはこのような指標も活用し、児童生徒理解や学級・ホームルーム集団の実態把握を行うことも必要になってくる。

2　各教科における生徒指導

（1）　児童生徒理解を基盤とした教科指導

　教科指導は、その大半が学級・ホームルーム単位で行われるが、各教科の学習の定着を促すためには、習熟度だけではなく、児童生徒一人一人の性格や友人関係の悩み、発達上の課題の有無といった事前情報の収集が欠かせない。例えば、授業の直前に同じ班の友人と口論になった生徒は、次の授業で教師が想定した班活動には参加ししにくく思うだろう。このような場合は、教科指導よりも前に、口論となった出来事について丁寧に振り返る生徒指導が必要になる。そのため、教師は、日頃から児童生徒の様子を観察し、一人一人の個に応じた指導を意識しなければならない。

　なお、教科指導への活用も見据えた児童生徒に関する情報収集として、次の方法が『生徒指導提要（改訂版）』に例示されている。

　① 　授業観察からの主観的情報（担任や教科担任の気付きのメモなど）

　② 　課題・テスト・各種調査・生活日誌等からの客観的情報

　③ 　出欠・遅刻・早退、保健室の利用の記録などの客観的情報

　④ 　ICT を活用した客観的情報（全校児童生徒へのアンケートなど）

　また、これらによって得られた情報は、学年会や教科部会など、対象となる児童生徒と関わりのある教職員間で分析・共有し、チームとして取り組むことも重要である。

（2）　各教科の指導と生徒指導の一体化

　教科には、学習意欲の向上や、学習事項を日常生活に生かそうとする態度の涵養など、生徒指導上の目標も含まれている。授業は、発達支持的生徒指導の場でもあるため、『生徒指導提要（改訂版）』に示されている「生徒指導の実践上の視点」が次のとおりに生かされることが望ましい。

　① 　自己存在感の感受が叶う授業づくり

　　児童生徒理解を踏まえた「個に応じた指導」や、一人一人の学習ニーズに応じた「個別最適な学び」を用意し、児童生徒が、「分かる」「おもしろい」という感覚をもち、自己肯定感や自己有用感が高まるようにする。

　② 　共感的な人間関係の育成を促す授業

　　学級・ホームルームの適切な運営により、児童生徒が互いに認め・励まし・支え合える学習集団づくりを目指す。自他の個性を尊重し、相手の立場を考えた相互扶助的な関係性の中での学習は、学級・ホームルーム集団の質を高め、児童生徒指導上の諸問題の予防にもつながる。

　③ 　自己決定の場の提供による学習の機会

　　児童生徒が自分の意見を述べたり、自己の仮説を提案・検証したりできる機会（発表の場、実験の場、作品づくりの場など）を提供し、自ら考え、選択し、決定する力を育むよう働きかける。

④　安全・安心な風土の醸成に配慮した授業

　近年では、様々な理由から学校内に居場所をつくれない、もしくは、つくらない児童生徒も増えている。そのため、教師は、児童生徒の個性を尊重し、安心して意見表明ができるような学習環境を整えなければならない。今後は、インターネットを介した遠隔授業や、家庭と連携したホームスクーリングの実施など、児童生徒一人一人の多様な状況や特性に応じた学習環境づくりのために、積極的にICTを活用する必要もある。

3　道徳科における生徒指導

　2015（平成27）年の学習指導要領の一部改正により、従前の「道徳の時間」が「道徳科」として新たに教育過程に位置付いた。この背景には、全国で相次ぐいじめ問題への対応が挙げられるが、形骸化していた道徳教材や、評価不要（通知表への記載が不要）の教育活動を抜本的に見直すねらいもあった。ただし、道徳性の数値化による評価の難しさは依然として残ることから、「励ましの言葉」を用いた評価を行うことが望ましいとされ、他の教科とは質の異なる特別な教科として取り扱われている。

（1）　道徳科と生徒指導の相互作用

　小学校の『学習指導要領』（文部科学省，2017a）の総則において、道徳教育は、「自己の生き方を考え、主体的な判断の下に行動し、自立した人間として他者と共によりよく生きるための基盤となる道徳性を養うことを目標とすること」とされており、学校の教育活動全体を通じて行われるものともいえる。これは、生徒指導においても同様であり、両者は、それぞれの目標に向かうために相互に関連させることが重要となる教育活動である（例えば、道徳科の授業において、友だちに優しくすることの大切さに気が付いた児童生徒が、それを日常で実践できるように生徒指導を行うなど）。

（2） 相互の充実に資する道徳科の授業と生徒指導

　他の教科と同様に、道徳科の授業に対する学習意欲や態度の育成は生徒指導の範疇である。また、学級・ホームルーム経営のために児童生徒の人間関係を把握したり、座席配置などの教室環境の調整を行ったりすることは、道徳科の授業充実のためにもあらかじめ取り組みたい。生徒指導の文脈で実施したアンケート結果を道徳科の教材として使用することも効果的だろう。

　他方、道徳科の授業においては、学校生活で起こった出来事や児童生徒の悩みを教材として取り上げることや、発達支持的生徒指導（例えば、法律上の視点から暴力行為の禁止について学習するなど）を道徳科の授業に組み込むなど、道徳科の授業の中で生徒指導の機会を設けることも重要である。最近では、SEL など、児童生徒が日常場面で抱える課題を直接解決することを意図した道徳科の授業も増えてきた。従来の副読本を活用した道徳教育とは異なり、現実の課題について取り扱うことは、実効性の高い自己指導能力の育成にもつながる。

（3） 道徳科と他の教育活動との関連と生徒指導

　思春期の生徒が、普段、自分の話を親身に聞いてくれる友人に感謝の気持ち（道徳科の内容）を伝えたいが、その方法が思いつかないと悩んでいたらどのような助言ができるだろうか。手紙に気持ちを書き記すのか（国語科）、または、何か作品を制作するのか（美術科）、様々な助言を思いつくだろう。しかし、まずは、そのように考えたこと自体を認める関わり（自己肯定感を高める生徒指導）を大切にしたい。また、このように他者に感謝の気持ちを伝える取組を学年や学校全体に広げることも生徒指導の一つとなる。

　この事例のように、今後は、道徳科と他の教育活動との関連性も踏まえながら、学校の教育活動全体を通して生徒指導を進めることが求められている。

4　総合的な学習（探究）の時間における生徒指導

　総合的な学習の時間（小学校・中学校）は、「探究的な見方・考え方を働かせ、横断的・総合的な学習を行うことを通して、よりよく課題を解決し、自己の生き方を考えていくための資質・能力」（文部科学省，2017a）を育成することを目標としている。他方、2022（令和4）年度から始まった総合的な探究の時間（高等学校）では、「探究の見方・考え方を働かせ、横断的・総合的な学習を行うことを通して、自己の在り方生き方を考えながら、よりよく課題を発見し解決していくための資質・能力」（文部科学省，2018）を育成することを目標としている。高等学校においては、キャリア形成という視点から自己の在り方や課題の発見という要素が加わるが、これらの資質・能力は、生徒指導により獲得が期待される自己指導能力とほぼ同義と考えることができる。

（1）　総合的な学習（探究）の時間と生徒指導

　総合的な学習（探究）の時間の内容は、実生活や実社会の中から設定されることが多い。小・中学校では、日常生活や社会から湧き上がる興味・関心や疑問をきっかけに、児童生徒が自ら①課題を設定し、②情報を集め、③それらを整理・分析しながら問題の解決に取り組み、④明らかになったことをまとめ・表現する探究的な学習を繰り返す。高等学校では、この学習過程に自己を関連付け、自己の（在り方）生き方を模索、あるいは創造するための課題を新しく見いだすことが求められている。

　急速に変化する現代社会では、総合的な学習（探究）の時間に取り扱う内容もより複雑化している。そのため、あまりにも難しい課題に取り組むと、学習活動が停滞することもあるだろう。このような場合には、教師から児童生徒への教授（情報提供）はもちろん、意欲的に学習活動を継続できるよう、児童生徒の取組を励ます援助も必要となる。

（2）協働的に取り組むことと生徒指導

　また、児童生徒が取り組む課題の中には、一人の力だけでは解決できないものもある。児童生徒同士に限らず、地域の人々や専門家なども含めた、様々な相手との協働や教えを乞う場面もあるだろう。そのようなときには、安全・安心な学級風土を土台に、児童生徒が互いの個性やよさを認め合える環境を用意し、自分とは異なる視点を受けとめながら力を合わせたり、様々な相手と交流したりする機会を教師が用意しなければならない。

（3）自己の（在り方）生き方を考えることと生徒指導

　自己の興味・関心や疑問に基づいて設定された課題に取り組むことは、児童生徒が、自己の（在り方）生き方と向き合う契機ともなる。探究的な学習に取り組む中で、①自らの生活や行動を振り返りながら、②学ぶことの意味や価値を見いだし、③現在や将来の自己の（在り方）生き方を考えられるように支える生徒指導は、児童生徒の自己実現につながる。

5　特別活動における生徒指導

　特別活動は、「集団や社会の形成者としての見方・考え方を働かせ、様々な集団活動に自主的、実践的に取り組み、互いのよさや可能性を発揮しながら集団や自己の生活上の課題を解決する」（文部科学省，2017b）学習活動であると定められている。この定義は、まさしく生徒指導そのものであり、特別活動は、生徒指導を中心に展開する学習活動とも言い換えられるだろう。

　特別活動には、学級・ホームルーム活動、児童会・生徒会活動、クラブ活動（小学校のみ）、学校行事が挙げられる。本節では、各活動における生徒指導上のポイントを概説する。

（1）　学級・ホームルーム活動における生徒指導

　学級・ホームルーム活動の内容としては、①学級・ホームルームや学校における生活づくりへの参画、②日常の生活や学習への適応と自己の成長及び健康安全、③一人一人のキャリア形成と自己実現の３点が挙げられる（文部科学省，2017b）。

　本章の第１節でも述べたとおり、集団としての質が高い学級・ホームルームは、児童生徒の所属感や連帯意識も高い。このような集団であれば、児童生徒は、自分たちの生活に関わる話し合いや合意形成に積極的に参画し、自治的に学級・ホームルームを運営することができる。

　また、学級・ホームルームにおいて独自のきまりやルール（例えば、「元気のない友だちがいたら励ます」や「教室は清潔に保つ」など）を定めることは、児童生徒の規範意識も高める。学級・ホームルームが課題予防型生徒指導の場といわれるのも、このように醸成された規範意識がいじめや不登校等の予防につながるからである。そのため、教師は、学級・ホームルーム活動が一定の秩序を保ちながら運営されているかをよく見守る必要がある。その際、座席配置や掲示物、教室の清潔さや活動スペースの有無などの教室環境にも気を配ると、学級・ホームルーム活動も円滑に進みやすくなる。

　さらに、新しい『学習指導要領』（文部科学省，2017）では、各学校種間における学びや経験の連続性に留意しながら、児童生徒のキャリア形成と自己実現に関する指導を行うことが義務付けられた。つまりは学級・ホームルームでは、各教科等における学びを振り返りながら、新しい学習課題の発見や生活への意欲を高め、自己の（在り方）生き方を考える機会を設けなければならないということである。そのため、児童生徒が自身の活動や学びを記録する「キャリア・パスポート」を作成・活用し、校種を超えた継続性（引き継ぎ）を行い、ガイダンスにも援用したい。

（2）　児童会活動・生徒会活動・クラブ活動における生徒指導

　児童会・生徒会活動と、クラブ活動（小学校のみ）は、全校もしくは複数の学年の児童生徒で構成される異年齢集団という点で共通しており、高学年の

リーダーシップ（下級生への思いやり）や、上級生への憧れなど、普段の学級・ホームルーム活動だけでは培われにくい人間関係の構築や意欲の高揚につながる。

　また、学校生活の向上・充実に向けた児童会・生徒会活動は、児童生徒の自治能力や主権者意識も高める。この好事例として挙げられるのが、校則の見直しだろう。校則に関する意見聴取や見直しの議論を行うことで、校則の意義への理解も深まり、主体的に守ろうとする気持ちを育むことにもつながる。詳しくは、第5章3を参照されたい。

　他方、小学校のクラブ活動は、学校生活の大半を占める学習活動から離れ、児童の興味・関心や特性が生かされる機会となる。そのため、児童自身が新しい視点で自分の個性やよさを再発見、あるいは発揮できるよう、可能な限り継続的に活動できる時間を確保することが重要である。

（3）　学校行事における生徒指導

　学校行事には、①儀式的行事（入学・卒業式、始業式など）、②文化的行事（音楽鑑賞会、文化祭など）、③健康安全・体育的行事（身体測定、交通安全教室、運動会など）、④遠足（旅行）・集団宿泊的行事（修学旅行、移動教室など）、⑤勤労生産・奉仕的行事（ボランティア活動など）が挙げられる。

　学校行事は、児童生徒の直接体験の場という印象が強いが、学級・ホームルームを超えた大きな集団による活動という点にも注目したい。例えば、学年単位で参加する林間学校（集団宿泊・自然体験活動）や、全校縦割りで競い合う体育祭などが挙げられる。

　普段生活する集団より大きな集団の中で、共通の目標に向かって励まし・協力し合ったりする経験や、学習面以外の得意分野や個性を発揮できる機会を設けることは、児童生徒の社会参画の意識を高め、個性やよさ・可能性の再発見を促すことにもつながる。

【引用・参考文献】

江村早紀・大久保智生　2012　小学校における児童の学級への適応感と学校生活との関
　　連：小学生用学級適応感尺度の作成と学級別の検討　発達心理学研究　23（3）

文部科学省　2017a　小学校学習指導要領

文部科学省　2017b　中学校学習指導要領

文部科学省　2018　高等学校学習指導要領

文部科学省　2022　生徒指導提要（改訂版）

第3章

生徒指導と学校運営

·········

1　学校経営における生徒指導の意義

（1）　移行支援を支える生徒指導

　生徒指導の定義は、本書でも幾度となく取り上げられている。それは「児童生徒が、社会の中で自分らしく生きることができる存在へと、自発的・主体的に成長や発達する過程を支える教育活動」であり、その目的は「自己の幸福追求と社会に受け入れられる自己実現を支えること」だとされている（文部科学省，2022）。

　言い換えれば、児童生徒の「学校から社会へ」あるいは「子どもから大人へ」の移行を支え、社会的自立を図る過程を支える活動が生徒指導だということである。つまり、学校教育における生徒指導は、児童生徒が社会の中で生きていく人間となるために必要な人生最初のセーフティネットといえるであろう。

　そして、学校教育が人生最初のセーフティネットの場であり、移行支援の場であるとするならば、まずは子どもたちが学校とつながっているということが、とても大きな意味を持つ。学校教育だけが自立支援の場ではないが、学校につながっていないということに「学業の遅れや進路選択上の不利益や社会的自立へのリスクが存在する」（文部科学省，2019）ということもまた事実である。その意味で、このつながりを切らないということは、学校に課せられた大きな責務なのである。学校はそういう場でなければならない。

（2）　つながりの保護因子とリスク因子

　それでは、学校とのつながりが切れないようにするためには、どうすればよいのか。表3-1は、千葉県高等学校教育研究会教育相談部会がアメリカ疾病予防管理センター（CDC：Centers for Disease Control and Prevention）を参考に作成したものであるが、このような学校へのつながりの保護因子を増やし、リスク因子を減らすということを常に意識して学校経営を行うことが重要である。

　『生徒指導提要（改訂版)』の言葉を借りていうならば、プロアクティブな生徒指導、特に発達支持的生徒指導の中で、この考え方を具現化させることである。これは国立教育政策研究所の「魅力ある学校づくり」の方向性とも重なるものである。学校における教職員一人一人がその持てる能力を十分に発揮でき、児童生徒が通いたくなる魅力的な学校づくりを目指すことが、学校経営の基本であり生徒指導はその中核となる。

表3-1　学校へのつながりの保護因子とリスク因子

保護因子（略語）	リスク因子（略語）
・良い仲間集団（良仲）	・低学力（低学）
・教員との関わり（教員）	・対人関係への困難さ（対人）
・活躍できる場（活場）	・社会性の低さ（社会）
・帰属意識（帰属）	・悪い環境設備（悪環）
・良い習慣（良習）	・悪い仲間集団（悪仲）
・将来への展望（展望）	・学校への低い評価（低評）

（田邊・富樫・高橋，2015)

2　チーム学校における学校組織体制の確立

（1）「チームとしての学校」像

　2015（平成27）年12月の中央教育審議会答申では、いわゆるチーム学校について「校長のリーダーシップの下、カリキュラム、日々の教育活動、学校の資源が一体的にマネジメントされ、教職員や学校内の多様な人材が、それぞれ

の専門性を生かして能力を発揮し、子供たちに必要な資質・能力を確実に身に付けさせることができる学校」とされている。

　ここでいう多様な人材とは、教員以外でSCやSSW、ICT支援員、スクールサポーターなど国の施策や各自治体の施策によって、学校に関わっている様々な専門職のことなどを指している。ここで重要なのは、それらの専門スタッフが「一体的にマネジメントされ」て「子供たちに必要な資質・能力（移行のために必要な力）を確実に身に付けさせる」ということである。この資質・能力が移行のために必要な力であり、そのために教員と各専門スタッフとの間の重厚な連携・協働が望まれるのである。

（2）　チームが有効に機能するために

　その連携・協働が有効に機能するためには校長のリーダーシップが重要であると同時に、それぞれの専門家間の専門領域の境目（隙間）に児童生徒を落としてしまわないように、十分に配慮することの重要性（大野，2013）が強調されて然るべきである。そして、その配慮をしながら各スタッフをつなぐことができるのは、校務分掌全般にわたってある程度精通しているとともに、それぞれ各自の得意分野を持つ教員という専門職しかあり得ない。それは教員の担うべき重要な仕事の一翼を担っているといえる。

　また、児童生徒の抱える複雑で多様化した問題や課題に対応するには、校内だけで完結するのではなく、適切なカリキュラム・マネジメントの考え方に立って、地域社会や各家庭との連携・協働を進めていくこともよりいっそう重要にならざるを得ない。

　このように生徒指導には、教員や専門スタッフの他にも家庭や地域など多くの人員が関わるため、基本的な考え方や対応方針については、コミュニケーションを密にして共有しておくことが必要である。この部分の共有が不十分だと、前述の「児童生徒が支援の境目（隙間）に落ちる」という危険性が高まってしまうことになる。

（3）校務分掌

　さて、各学校は日々の教育活動を行うにあたって、その仕事内容を教員が分担して行っている。例えば、キャリア教育や進路指導に関する業務は進路指導部が中心となり、健康診断など保健業務に関するものは保健部が中心となるというようにである。このような業務分担を校務分掌というが、この中で中心的に生徒指導を担うのが生徒指導部であり、その中心となるのが生徒指導主事ということになる。「チームとしての学校」の考え方によれば、あらゆる校務分掌が必要に応じて連携しながら、前掲の保護因子の増強とリスク因子の軽減を図ることが重要である。

　次節では、この生徒指導主事を要とした学校における生徒指導体制について述べる。

3　生徒指導体制

　生徒指導は、あらゆる学校教育活動の中で機能として働くものである。例えば、各教科科目の授業の中で、部活動の中で、児童会・生徒会活動の中でも、そして体育祭（運動会）や文化祭、修学旅行という学校行事においても然りである。ゆえに一分掌としての生徒指導部だけで、その目的を達成できるものではない。全ての分掌間の連携と協働によって初めて達成できるものである。これがチーム学校の基本的な考え方である。

　それを表したのが『生徒指導提要（改訂版）』から引用した図3-1である。このように、あらゆる分掌が生徒指導の方針や基準を共有する中で、有機的につながり、必要に応じて連携・協働して対応することになる。その中心となって、各分掌の仕事をつなげ、まとめていくのが生徒指導部であり、生徒指導主事の重要な役割ということになる。

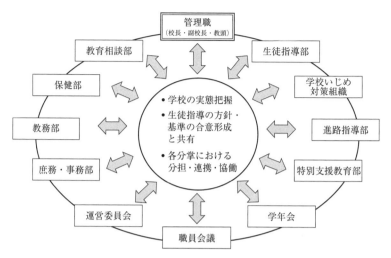

図 3-1　生徒指導の学校教育活動における位置付け
（文部科学省，2022）

4　生徒指導のための研修と年間計画

　生徒指導の効果的な実践のためには、年間を通しての綿密な計画とそれを推進するための周到な研修が必要となる。

（1）　年間計画の作成
　年間計画の作成にあたっては、以下の2点に特に留意して作成する必要がある。
①　学校と生徒の実態把握
　学校は毎年生徒が入れ替わる。中学や高校では一年で1/3が、小学校では1/6が入れ替わり、もちろん教員も定期的な人事異動等によって入れ替わる。
　大学に進学した卒業生が教育実習で母校に戻ると、知っていた教員がほとんど異動になっていたということもよくあることである。私立学校は公立学校ほどではないにしろ、変化がないということはない。さらに学校を取り巻く地域社会や時代環境も絶えず変化している。

　生徒指導があらゆる教育活動における機能である以上、それらの変化に伴う関係性の変化は、生徒指導そのものの方向性にも影響を与えることになる。だからこそ、まずは学校と生徒の実態把握が重要となる。

　そのときに大きな力を発揮するのが生徒、教員、保護者、地域それぞれからの学校評価である。学校評価は、言わば学校に対するアセスメントの重要な一端を担うということになる。このアセスメントを基に計画（Plan）を立て、それを実行（Do）し、評価（Check）を行い、次の計画の改善（Action）につなげることが求められる。もちろん学校では学校評価以外にも様々なアンケート等が取られたり、教員自身の観察が行われていたりするが、それらを生かす形でいわゆる PDCA サイクルに取り込むことが大切である。

②　具体的な年間計画例

　年間計画の具体例としては、次頁の表 3-2「保護因子とリスク因子を意識した生徒指導にかかわる年間計画」（田邊 他, 2015）にまとめた。これはそれぞれの活動（行事）が、保護因子の強化とリスク因子の軽減という観点から見たときに、どのような意味を持っているかという点を意識した計画の一例である。既存の様々な行事も形骸化させることなく、そのような観点から見直してみたものになっている。それぞれの分掌活動の意味を、それぞれが十分に理解し合意した上で、意識的に行うことができるかどうかは、連携・協働の成否を決めるといってよいほど重要である。

（2）　実行につなげる研修

　年間計画を実質的に意味あるものにするには、学校評価等の実態把握に見合った教員研修（教員の力量形成）が不可欠である。以下にその例を述べる。

【実効性を担保する研修例】

①　困難校における SST の導入例

　いわゆる教育困難校といわれていた F 高校では、学校評価などから生徒の社会性が乏しい（暴力行為が多い）という結果を得ていた。そこで、全校で SST を実施することにした。

　しかしながら、そのために実際に使える時間が限られていたため、生徒に

表 3-2 保護因子とリスク因子を意識した生徒指導にかかわる年間計画例

時期	行事・企画	目的	強化される保護因子	軽減されるリスク因子
1学期	入学説明会	新生活への不安軽減	良仲・教員帰属・展望	
	始業式			
	入学式			
	保護者懇談会	保護者との関係づくり	教員	
	学級開きの LHR	生徒との関係づくり	良仲・教員帰属	対人
	新入生オリエンテーション	新生活への不安軽減	帰属・良習展望	
	生徒面談週間①	生徒の状況把握	教員・良習	悪仲
	校外学習	生徒間の関係づくり	良仲・活場帰属	対人・社会
	LHR 総合的な学習の時間	いじめをテーマに	良習	
	「心の健康調査」①	生徒理解		対人
	「Q-U」調査①	生徒・学級理解	教員	対人
	生徒総会	いじめ撲滅宣言	活場・帰属	
	保護者面談週間①	家庭との連携	教員	低評
	「いじめアンケート」①	実態把握・抑止	良仲・良習	悪仲
	夏休み前講演会（保護者）	保護者の不安軽減	教員・良習	悪仲・低評
	終業式			
2学期	生徒面談週間②	休業後の変化把握	教員・良習	悪仲
	文化祭	生徒間の関係づくり	良仲・教員活場・帰属	対人・社会
	体育祭	生徒間の関係づくり	良仲・教員活場・帰属	対人・社会
	「いじめアンケート」②	実態把握・抑止	良仲・良習	悪仲
	「心の健康調査」②	生徒理解		対人
	「Q-U」調査②	生徒・学級理解	教員	対人
	修学旅行	生徒間の関係づくり	良仲・教員活場・帰属	対人・社会
	保護者面談週間②	家庭との連携	教員	低評
3学期	生徒面談週間③	休業後の変化把握	教員・良習	悪仲
	「いじめアンケート」③	実態把握・抑止	良仲・良習	悪仲
	卒業式			
	終業式			

（注） 表 3-2 中の強化される保護因子と軽減されるリスク因子は、表 3-1 で提示した略語と対応している。（田邊 他，2015）

必要なトレーニングは何かについて生徒へ追加の調査を行った。それによると生徒が一番困っているのは、友人の依頼を「うまく断ることができない」というものだった。うまく断ることができないので、時には手が出る（殴る）、足が出る（蹴る）という状況を呈していることが分かった。

　ここでターゲットスキルが「うまく断るスキル」に特定された。とりあえず初年度は、生徒がこのスキルを獲得するための研修に特化することとして、限定的な教員研修を実施し、それを基に教員が生徒へのトレーニングを実施することにした。

②　進学校における学びの動機付けへの取組

　中堅の進学校としての評価を周囲から受けていたＫ高校では、学校評価の結果でも、多くの教育活動に対していずれも高い評価を受けていた。しかしながら、家庭学習の時間など評価の多少低い項目を分析した結果、生徒の学習に対する動機付けが低いという結論を得ていた。

　これに対して、生徒指導部が中心となって、生徒指導の観点からの学力向上への取組が行われた。それは何のために学ぶのかという直接的で、ある意味哲学的な問いを入学当初から常に生徒へ提示し、自分自身で高校生活と学びの意味を考え続け、振り返り続ける姿勢の育成であった。

　これを「学びのデザイン」と称し、教員がファシリテートしていくことにしたのであるが、多くの教員はファシリテーターとしての研修を積んでいるわけではない。そこで、当初は外部から依頼したファシリテーターと担任や副担任がＴＴ（Team Teaching）の形で取り組むことで、この活動自体を教員研修の一環とし、やがて外部講師なしで自分たちだけで行えるように取り組んでいったのである。

　この取組に見られる方法論は、教員研修と生徒への直接的な教育効果を同時に達成しようとした試みであり、研修時間を取りにくい教育現場で、効率的に研修と教育効果を同時に達成しようとする試みとして有効であり、教員の働き方改革に通じる一助になると考えられる。

【引用・参考文献】

中央教育審議会　2015　「チームとしての学校の在り方と今後の改善方策について（答申）」
（平成27年12月21日）https://www.mext.go.jp/b_menu/shingi/chukyo/chukyo0/
toushin/__icsFiles/afieldfile/2016/02/05/1365657_00.pdf（閲覧日2023年11月1日）

文部科学省　2019　不登校児童生徒への支援のあり方について（通知）

文部科学省　2022　生徒指導提要（改訂版）　東洋館出版社

小野善郎・保坂亨 編著　2012　移行支援としての高校教育 ― 思春期の発達支援からみた
高校教育改革への提言 ―　福村出版

小野善郎・保坂亨 編著　2016　続 移行支援としての高校教育 ― 大人への移行に向けた
「学び」のプロセス ―　福村出版

大野精一　2013　生徒指導における関係機関との連携～生徒指導主事と「教育相談コー
ディネーター」の役割～　平成24年度生徒指導委員会第1分科会研究報告書　千葉県
高等学校長協会

小澤美代子 監修　田邊昭雄 編著　2021　やさしくナビゲート！ 不登校への標準対応 ―
どこの学校でもできる上手な不登校対応 ―　ほんの森出版

田邊昭雄・富樫春人・高橋閑子 編著　2015　いじめ予防と取り組む～精神保健の視点から～
千葉県高等学校教育研究会教育相談部会

田邊昭雄・原田恵理子・森山賢一　2018　教員の在り方と資質向上　大学教育出版

第4章

生徒指導と教育相談
·········

1　教育相談の基本的な考え方と活動体制

（1）　生徒指導と教育相談の考え方

　生徒指導も教育相談も、社会の中で自己実現を達成するための移行支援を行うという意味では、全く同じと言っても過言ではない。『生徒指導提要（改訂版）』（文部科学省，2022）の中では、「教育相談は生徒指導から独立した教育活動ではなく、生徒指導の一環として位置付けられるものであり、その中心的な役割を担うもの」とされている。ただしその中でも言われているとおり、「社会の中で」と「自己実現」のどちらにより重点を置くかという点で違いが見られる。

　生徒指導は、どちらかと言えば「社会の中で」受け入れられるという側面（集団の一員として、その中で幸せに生きていくために求められる資質・能力の育成）を強調するのに対して、教育相談は「自己実現」に重きを置くという側面（個人の幸せ追求のための個性・能力の伸長）が強い。しかしながら両者は車の両輪、あざなえる縄のごとしであって、そのバランスが大事である。社会に受け入れられない自己実現も、社会に求められるままだけに生きることも、ともに人間にとっては不幸である。

（2）　教育相談コーディネーターの位置付け

　2017（平成29）年2月3日付の文部科学省初等中等教育局長名で出された「児童生徒の教育相談の充実について（通知）」には、「教育相談コーディネー

ターの配置・指名」として以下のような内容がある。

　　　学校において、組織的な連携・支援体制を維持するためには、学校内に、児童
　　生徒の状況や学校外の関係機関との役割分担、SC や SSW の役割を十分に理解
　　し、初動段階でのアセスメントや関係者への情報伝達等を行う教育相談コーディ
　　ネーター役の教職員が必要であり、教育相談コーディネーターを中心とした教育
　　相談体制を構築する必要があること。

　ここでは教育相談コーディネーターの必要性と教育相談コーディネーター
を中心とした教育相談体制の構築の必要性が述べられている。しかしながら、
それは特別支援教育コーディネーターが教員の中から指名され、各学校の校務
分掌に明確に位置付けることとされ、必置となっているのとは様相を異にして
いる。教育相談コーディネーターは、特別支援教育コーディネーターとは違っ
て、職として必置となっているのではなく、単に教職員の係としての役割分担
の一端としての記述にとどまっているのである。

　そのため『生徒指導提要（改訂版）』の説明の中でも、全ての学校に配置さ
れているとは限らないし、学校によって名称も様々で、教育相談主任、教育
相談担当と呼ばれている場合もあるとされている。文献で見かけるものとして
は、教育相談係という記述が現在は多いようである。

（3）　教育相談コーディネーターの必要性

　千葉県高等学校長協会では、「生徒指導における関係機関との連携～生徒指
導主事と『教育相談コーディネーター』の役割～」(2013) という研究報告書
を出している。その中で、生徒指導主事と教育相談係の外部機関との連携先に
関する調査が行われている。それによれば、生徒指導主事は警察や児童相談
所、教育委員会関係の行政機関などとの連携を得意としているのに対して、教
育相談係は病院や福祉関係機関、相談機関などとの連携を得意としているとい
う結果が得られている。これは、到達目標は同じでもそこに至る道筋、方法論
の違いから出てくる結果ともいえる。

　また、SC の研修会などでも、「学校の中に一人置かれても何もできない」

「学校や関係者とのつなぎ役がどうしても必要」という声は多く聞かれるところである。

　このような状況を鑑みると、いずれにしても、現在の学校が抱える生徒指導上の諸課題への対応にあたっては、生徒指導主事や特別支援教育コーディネーターのように、何らかの形で教育相談コーディネーターも法規上の裏付けを持った必置の活動体制が取られることが望ましいと考えられる。いつまでも不安定な状態や名称のままでよいとは考えられない。

2　教育相談の全校展開

（1）　面談週間の実施

　教育相談を全校展開していくにあたって、各学校では「面談週間」あるいは「教育相談週間」などの名称で、児童生徒全員に対して定期的な面接を実施している場合も多い。定期的に実施する場合は、時期としては新しいクラスになったばかりのゴールデンウィーク前、それから夏季休業や冬季休業が終わって、学校が再開された頃の実施が効果的である。

　この場合、基本的には担任がクラス全員に実施していることが多いが、学校によっては、児童生徒が相談したい先生を選んで面談できるようにしているところもある。さらには相談可能な対象を、条件を付けてではあるが教員以外に広げている場合もある。校務員（管理作業員）や給食調理員あるいは図書館司書などが対象となることもある。

　生徒指導上の課題を抱えた児童生徒にとって、その課題が多ければ多いほど、あるいは深ければ深いほど、明るく元気いっぱいの活力に満ちた教員はまぶし過ぎることも多い。まぶし過ぎては話せない場合もある。児童生徒自身がほどよく話せそうな相手を探せる体制も必要なのである。

　いずれにしても、そのような実践を教育相談係の教員が中心となりコーディネートすることは、チームとしての学校の生徒指導上の諸課題への対応力向上の機会ともなり、非常に有意義な取組となる。その意味でも教育相談コー

ディネーターは必置となるべきなのである。

　そして何よりも、定期的な全ての児童生徒との面談の実施は、課題予防的生徒指導の中核となると同時に、課題早期発見対応に直結するものとなる。

（2）　面談週間で何をするのか

　児童生徒が、自ら自分の危機状況を教員や保護者等に伝えてくるということはあまりない。自分が弱いと見られたくないとか、心配をかけたくないというような、救助信号（SOS）を出すことをためらう気持ちが働くからである。

　だからこそ定期的な面談が必要とされるのであり、その面談の中での児童生徒の言動から、教員側が児童生徒の状態や変化に気付くということが重要になる。児童生徒の救助を求める信号にいち早く気付き、迅速に対応することが、ここでは求められるのである。そのためには教員側が、生徒の思いに気付く力、それを受け止める力を向上させていく努力をしなければならない。

3　教育相談のための研修と年間計画

（1）　教育相談の年間計画

　教育相談の年間計画については、第3章の「表3-1 学校へのつながりの保護因子とリスク因子」、ならびに「表3-2 保護因子とリスク因子を意識した生徒指導にかかわる年間計画」を参照して欲しい。

　前掲の表3-2は、生徒指導の中核として教育相談があるという考えの下での生徒指導の年間計画例なので、その内容の多くは教育相談といってもよいものである。高校用としてできてはいるが、大筋は小中学校でも同じである。

　年間計画の概要は、面談週間で生徒個人の理解を図り、Q-U調査等で学級との関係性を知り、保護者面談週間で保護者との関係性の理解を図るといった内容構造になっている。もちろん全体を通して友人関係や成績等の情報を得ることも重要である。

　本人とそれを取り巻く環境を理解するということが児童生徒理解の基本と

なり、その理解を前提とした対応を可能とすることになる。

（2）　教育相談のための研修

　教育相談の研修にとって、最も重要となるのは傾聴と言葉かけである。この2つが適切になされなければ、いくら面談の機会をつくったとしても、児童生徒理解を深めることは望めない。また、この2つは良い授業のためにも重要であることは言を俟たない。ゆえにこの2つのトレーニングを中心に、必要なものを加味しながら研修を実施していくことが良策である。

　傾聴と言葉かけには2つの意味がある。

　1つ目の意味は、前にも述べた児童生徒理解を深めるためである。より適切なアセスメント（見立て）を行うために、その背景を知る必要があり、そのために一生懸命に聴くという作業が大切になる。その際には「言い訳はいらない」ではなく、基本的には「言い訳はきく」という姿勢が求められる。もちろん「きく」というのは肯定することではない。本人の歪んでいるかもしれない認知を知るためである。だから話しやすくなるようにするための適切な言葉かけということも重要となるのである。

　この一連の作業の中で適切なアセスメントが得られる。アセスメントなき対応は、深い霧の中をライトも、地図も、ナビもないような状態で車を走らせるようなものであって、児童生徒を支えられるとはとうてい考えられない。そのような支援そのものが危険となる場合も生じるであろう。

　2つ目の意味は、教員側のこの傾聴と言葉かけの作用が、児童生徒自身が抱える問題・課題の言語化を促進することにつながるということである。自分の中のネガティブな感情は、言語化され表出されなければ、それは何らかの症状としての身体化や非行傾向としての行動化としても表出されることになる。だから言語化を助けるということは、児童生徒の支援という点で非常に重要である。つまり学習指導要領で重視されている「言語活動の充実」については、生徒指導上の観点からしても重要なのである。

　さて、その他にも、必要に応じてSSTや面接の中での気付きを促進する「気付きのトレーニング」、クラスの活性化を図るSGEなど様々な目的の研修

プログラムが存在する。それらの中から、学校や児童生徒の現状と使える時間
数との兼ね合いで研修内容を選択する必要があるが、これもまた教育相談コー
ディネーターの重要な仕事である。

4　生徒指導と教育相談が一体となったチーム支援

　日本の学校においては、基本的に学級担任が児童生徒を全人的に捉え対応
していくという傾向が強い。そのため児童生徒の抱える様々な課題に対して、
担任が一人で抱え込んでしまう。これは学級担任の負担増にもつながると同時
に、問題の長期化や複雑化を招く危険性を高めることにもなる。

　この改善のためには、担任だけで問題を抱えこまずに、生徒指導主事や教
育相談コーディネーターを中心に養護教諭やSC、SSW あるいは校内関係分掌
の教員が連携・協働してチームとして対応できる体制を構築することが必要不
可欠である。このことは第3章の「図3-1　生徒指導の学校教育活動における
位置付け」にも図示されているとおりである。場合によっては、ここに管理職
や保護者が入ることも考えられる。特に保護者は有効な構成員になり得るとい
う視点を忘れてはならない。

　ところで、チームで支援するということは、うまく機能するときには確かに
大きな力を発揮することになる。しかしながら、多くの人間が関われば関わる
ほど、その関係性は複雑になり、何か一つ事を進めていくにも煩雑で面倒にな
ることも多い。いっそのこと、一人でやってしまった方が早く、うまくできる
と思うこともあるあるかもしれない。

　しかし、それでもチームで支援することには大きな意味がある。それは、
その体制が継承されていく可能性が高くなるからである。人が変わっても支援
の体制が残って続いていくということが重要である。人が変わったら支援がな
くなったということがあってはならない。

　生徒指導と教育相談の重視するもの（集団と個）の違いから、時に学校現場
では、毅然とした指導と受容的な支援のどちらを重視すべきかという考え方の

違いが顕わになることもある。しかし、そのバランスを取りながら融合化させてチームでの取組を進めることが最も重要である。

【引用・参考文献】

千葉県高等学校長協会　2013　生徒指導における関係機関との連携〜生徒指導主事と「教育相談コーディネーター」の役割〜　平成24年度生徒指導委員会第1分科会研究報告書

文部科学省　2017　児童生徒の教育相談の充実について（通知）

文部科学省　2022　生徒指導提要（改訂版）

| コラム | チームで取り組む教育相談に向けて |

　学校では定期的に教育相談週間を設けて、子どもと先生が個別に面談する機会を教育計画に位置付けている。それは、実施する時期によって、それぞれの目的がある。例えば入学や進級後であれば、新しくスタートした学校生活への不安を軽減すること、その後はいじめや困っていること等はないかなどの確認が目的の一つとなるであろう。つまり、教育相談においては子どもと先生との信頼関係を構築すること、子どもが抱える悩みや課題等に速やかに対応できるように関わることが大切である。

　時折、「教育相談は苦手だ。子どもが沈黙する時間をどうしたらいいか分からない」という声を耳にする。先生の中には、子どもへの声かけや訊き方等に戸惑う人もいるようである。子どもが何も話さないときは無理やり聴き出そうとせず、その様子もノンバーバルな表現の一つと捉え、言葉でのやり取りが難しいようであれば、気持ちを絵に描くことでも感情の交流ができる。このような場合は「話せるときに教えてほしい」という先生の気持ちを伝えることで、子どもは「先生は待ってくれる」「話せるときに話せばいいんだ」という安心感を抱ける。そして、このような関わりが子どもとの信頼関係を築く最初の一歩となる。

　また、面談の際に心がけたいことは、子どもが安心して相談できる環境づくりである。子どもの中には、先生と一対一の面談に緊張感を抱く場合もある。先生は、それを察して「この時間は、あなただけの時間」であることや不安や心配なことがあったら「教えてほしい」と伝えることで、子どもは「自分のことを分かろうとしてくれている」先生の姿に温かさを感じるであろう。

　教育相談は担任だけが行うものではなく、学校にいる全ての大人がその対象であることを踏まえて、相談する相手を担任に限定せず、相談したい人を選択できるなど「学校全体で取り組む教育相談」が行える体制づくりがとても重要となる。担任以外との機会を設けることは、その子どもを支える大人が増えることになり、様々な視点から子どものアセスメントを可能とする。

　学校の教職員全員が「みんながみんなの担任」という思いをもち、「気になる子をみんなで気にかける」風土は、チームで取り組む教育相談の礎になる。子どもの相談に教職員の誰もが、いつでも対応できる体制を整えておくことは、子どもに安心感を与え、課題や問題等の早期発見や速やかな対応にもつながる。

（齋藤　美枝）

第5章

学校危機管理と生徒指導体制
·········

1　学校安全と危機管理体制

　学校安全は、学校保健安全法第27条により作成が義務付けられている学校安全計画に基づいて、安全教育、安全管理、組織活動の側面から、全ての教職員で取り組むことによって実現される教育活動（文部科学省，2018）とされ

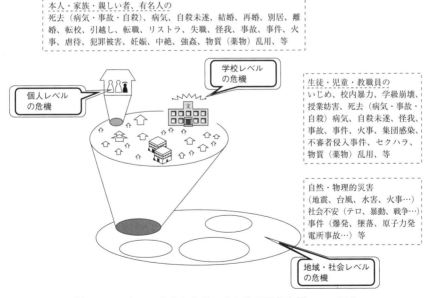

本人・家族・親しい者、有名人の
死去（病気・事故・自殺）、病気、自殺未遂、結婚、再婚、別居、離婚、転校、引越し、転職、リストラ、失職、怪我、事故、事件、火事、虐待、犯罪被害、妊娠、中絶、強姦、物質（薬物）乱用、等

学校レベル
の危機

個人レベル
の危機

生徒・児童・教職員の
いじめ、校内暴力、学級崩壊、授業妨害、死去（病気・事故・自殺）病気、自殺未遂、怪我、事故、事件、火事、集団感染、不審者侵入事件、セクハラ、物質（薬物）乱用、等

自然・物理的災害
（地震、台風、水害、火事…）
社会不安（テロ、暴動、戦争…）
事件（爆発、墜落、原子力発電所事故…）等

地域・社会レベル
の危機

図5-1　スクールカウンセラーのための緊急支援マニュアル
（千葉スクールカウンセラー研修会緊急支援研究会マニュアル製作スタッフ，2005）

ている。したがって、児童生徒の学力向上や社会性の向上、健全な成長や発達の増進は、学校が安全で安心な環境であることが前提条件になる。

　しかし、学校安全を脅かす事件・事故・災害などが発生すると、通常の方法では解決が困難で、学校の運営機能に支障をきたす事態となる。これを「学校危機」と呼ぶ。その学校危機は、個人（学校不適応、家族との死別・生別、性被害、虐待、事故、喪失体験等）、学級（いじめ、学級崩壊、継続的な暴力、盗難等）・学校（命に及ぶ事件・事故・傷害事件、交通事故、感染症、不審者等）、地域社会（誘拐・殺傷等の重大な事件・事故、学校への闖入者、自然災害等）といったレベルの危機がある。教職員個人の危機も、児童生徒を取り巻く環境として影響が想定されることは認識しておきたい。

2　学校危機への介入

　学校は不測の事態に対しては、迅速な対応、被害の最小化、早期回復に向けて危機管理体制と組織活動、外部関係機関との連携を普段から構築する必要がある。そのため、リスクマネジメントとクライシスマネジメントから学校危機管理の実際までを勤務校の実態に応じて考えることが重要になる。

　リスクマネジメントは、事件・事故の発生を未然に防止し、災害の影響を回避・緩和するための体制整備や点検、避難訓練等の取組で、安全管理、安全教育を密接に関連させて進める事前の危機管理のことである。そして、①校内の情報収集・伝達・共有、状況評価・判断と意思決定、対応、回復など、校外との協力・支援要請などに関する危機管理マニュアルの整備、②シミュレーション訓練や危機対応マニュアルの理解と教職員間の申し合わせ事項の確認等といった危機対応の実践的研修と心のケアの研修、③日常の観察や未然防止教育等の実施などが重要になる。

　危機管理マニュアルは学校保健安全法第20条「危険等発生時対処要領」で各学校が作成することが義務付けられている。そのマニュアルは教職員の役割等を明確にしたシンプルで分かりやすいもので、地域や学校の状況を踏まえて

必要事項をおさえたものを作成し、そして危機管理体制を確立する必要がある
としている。勤務校で作成・点検・修正するとき、文部科学省（2018）の「学
校の危機管理マニュアル作成の手引き」が参考になる。

　そして、実践的研修（例えば、静岡県総合教育センターの「学校危機に関す
るシミュレーション訓練研修プログラム」など）を通して、危機管理意識を高
め、危機管理制体制の共通理解を図ることが求められる。さらには地域社会・
家庭・関係機関と連携して整備する。マニュアルは一度作成した後でも、訓
練、評価、改善善を繰り返し行い、実際に使えるものにする必要がある。

　クライシスマネジメントは、事件・事故が発生し、災害の影響が及んだとき
に、学校運営と心のケアに関する迅速かつ適切な対応を行うことで被害を最
小限にとどめることで、以下3つのプロセスで実行することが求められる。

①　初期の対応と早期の介入段階：負傷者等への応急手当や救命救急処置、
　児童生徒の誘導と安全確保、保護者や関係機関への連絡を行う。そのた
　め、校内連携型危機対応チームを編成し、事実確認、情報共有、役割分
　担の確認、連絡や報告、今後の活動の進め方、外部の関係機関への支援
　要請を迅速に行うことが重要になる。

②　中長期の支援：児童生徒や教職員に対して必要な心のケアを SC や
　SSW 等の専門家と協力して行いながら、回復に向けた包括的な支援を行
　う。

③　再発防止への取組：被害の回復と同時に教訓を生かして、安全管理の
　見直しと徹底、安全教育の強化、危機管理体制の見直しと整備を行う。
　事故や事件は予測が困難でどの学校でも起こり得る可能性があると心得
　ておき、問題行動が発生したときの対応について日頃から教職員で共通
　理解をする等、リスクマネジメントへの意識向上を図ることが大切にな
　る。

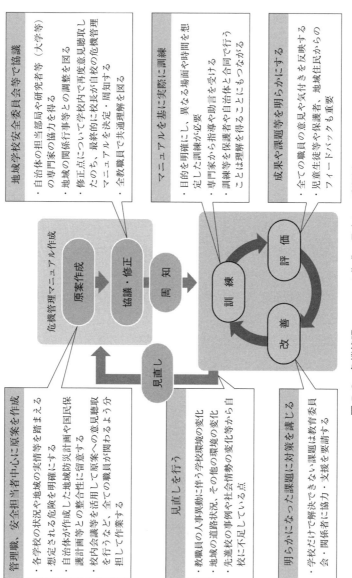

危機管理マニュアル作成

原案作成

協議・修正

周知

見直し

訓練

評価

改善

地域学校安全委員会等で協議

・自治体の担当部局や研究者等（大学等）の専門家等の協力を得る
・地域の関係行事等との調整を図る
・修正点について学校内で再度意見聴取したのち、最終的に校長が自校の危機管理マニュアルを決定・周知する
・全教職員で共通理解を図る

マニュアルを基に実際に訓練

・目的を明確にし、異なる場面や時間を想定した訓練が必要
・専門家から指導や助言を受ける
・訓練を保護者や自治体と合同で行うことは理解を得ることにもつながる

成果や課題等を明らかにする

・全ての職員の意見や気付きを反映する
・児童生徒等や保護者、地域住民からのフィードバックも重要

管理職、安全担当者中心に原案を作成

・各学校の状況や地域の実情等を踏まえる
・想定される危険を明確にする
・自治体が作成した地域防災計画や国民保護計画等との整合性に留意する
・校内会議等を活用して原案への意見聴取を行うなど、全ての職員が関わるよう分担して作業する

見直しを行う

・教職員の人事異動に伴う学校環境の変化
・地域の道路状況、その他の環境の変化
・先進校の事例や社会情勢の変化等から自校に不足している点

明らかになった課題に対策を講じる

・学校だけで解決できない課題は教育委員会・関係者に協力・支援を要請する

図5-2　危機管理マニュアル作成・見直しの手順例
（文部科学省，2018）

3　生徒指導に対する法制度等の運用体制

（1）　校則の運用と見直し

　校則の運用は、法令上で規定されていないが、児童生徒の発達段階や学校、地域の状況、時代の変化等を踏まえ、教育目標の実現という観点から最終的には校長が定めることになる。しかし、児童生徒が自分事として捉え、校則の意味を理解して自主的に守ろうとすることが重要になる。つまりは、入学前から生徒と保護者に校則を公開・周知し、その必要性の共通理解を図り、教職員がその校則制定の背景や理由について明確に示すことが求められる。これにより、校則違反の児童生徒には停学や退学、叱責など懲戒等の措置になる場合、行為を正す処分で終わらないよう、背景にある児童生徒の個別の事情や状況、思いや考えを把握しながら、省察・内省を促し、主体的・自律的に行動しつつ道徳性等を育むポジティブな機会となる指導・教育につなげることが可能となる。

　校則の運用については、学校教育目標に照らした適切な内容か、現状に合う内容か、本当に必要な内容か等、プライバシーや人権の侵害になる理不尽な校則ではないかを含めて絶えず見直し、児童生徒や保護者等の学校関係者から意見聴取しながら定める必要がある。この背景には、大阪府立高等学校の頭髪の黒染め指導に対する 2017（平成 29）年の校則をめぐる裁判がある。その後、海外メディアは「学校の過剰な注文」とし、国内のマスコミでは「ブラック校則」として取り上げ（日本経済新聞社，2021）、校則の在り方が国内外で注目され、見直しの世論が高まった。これにより、文部科学省（2021）は「必要かつ合理的な範囲を逸脱している校則を見直す」よう各都道府県教育委員会等に求めることとなった。

1）　見直し対象となる校則の内容

　各学校で、校則の内容が社会通念に照らして合理的な説明ができない、過度に詳細な内容で児童生徒の実情、保護者の考え方を踏まえていない等のものを見直すことが求められる。特に、①持ち物による男子・女子の明記の指示な

ど性や文化の多様性に配慮を欠く、②防寒具着用不可など健康上の配慮を欠く、③下着の色の制限や外泊の届け出など合理的な説明ができない、といった内容である。日々の教育活動で教師は敏感な意識をもっていたいものである。

2）見直しのための取組手順

　文部科学省の取組事例（2021）では、以下の手順で見直しが示された。最初に、児童生徒や保護者などを対象にアンケートを実施し、意見を収集する。次に、児童生徒や保護者と信頼関係を高めるために学級活動・生徒会活動・PTA活動等を通して対話する機会を確保する。そして、児童生徒と保護者との共通理解を図るため、学校HPやおたより等で校則の公開・周知をする。最後に、校則見直し後も一定の期間を経て絶えず、見直しを図る。

　以上のような校則の見直しは、1980年代の学校の荒れに対処することから始まって、学校の安定や秩序を図るために細かい規則を守らせてきた背景がある。そのため、校則を見直すにあたって、児童生徒に委ねて改定させることに躊躇する教員もいる。しかし今後は、児童生徒が校則の見直し過程に参画して身近な課題を自ら解決するといった教育的意義を重視すると同時に、教職員も校則に対する意識改革をすることが求められるであろう。

（2）懲　戒

　学校教育法第11条では、「校長及び教員は、教育上必要があると認めるときは、監督庁の定めるところにより、学生、生徒及び児童に懲戒を加えることができる。但し、体罰を加えることはできない」と規定され、教育上必要があると認められるときに、児童生徒を叱責・処罰する。したがって、その目的は、心身の成長・発達上必要な問題行動の反省・省察を行い、立ち直りを図る教育的側面と、学校の秩序を維持するための指導的側面がある。そのため、児童生徒の心身の状況変化に注意を払い、保護者等の理解と協力を得ながら行う必要がある。

　なお懲戒には、退学や停学といった法的効果を伴う懲戒と児童生徒への叱責、授業中に教室内で起立させる、学習課題や清掃当番を課す、訓告など法的効果を伴わない懲戒がある。いずれにしても感情的に、そして体罰を与えるも

のではないことをおさえておきたい。

（3）　体罰禁止と不適切な指導

　体罰は学校教育法第11条で明確に禁止されているが、2012（平成24）年に大阪府の高校生が部活動における体罰により自殺した事案を契機に体罰禁止の世論が高まり、翌年、文部科学省は体罰禁止の通知（2013）を各都道府県教育委員会に出した。これによると、体罰は、蹴る・殴るなどの「身体に対する侵害」と正座・直立等特定の姿勢を長時間にわたって保持させる等の「肉体的苦痛を与えるようなもの」が該当するとなっている。

　その体罰は重大な人権侵害で、児童生徒の心身への影響が大きい。例えば、心身に癒やしがたい傷を残す。恐怖心や屈辱感を与え、無力感や劣等感を増幅し、自己効力感や自己肯定感を低めてしまう。また、力による解決志向を助長し、暴力やいじめなど他者への攻撃性を生む。そして、児童生徒と教職員の信頼関係が揺らいで崩壊し、教師不信及び学校不信を招く。なお、不適切な指導（むやみに怒鳴る、気分によって注意や叱責を繰り返すなど）は体罰ではないとしても、児童生徒の心身に負担が大きく、時には精神的に追い込むことになる。一時の感情に支配されて安易な言動に走らないよう留意するとともに、児童生徒の規範意識や社会性の育成を目指して、粘り強く、信頼関係に基づき実態に応じた適切な指導を大切にしたい。

（4）　体罰の防止と組織的な指導体制

　体罰の未然防止や組織的な対応は、児童生徒の人格形成を目指す教育活動において徹底する必要がある。そのためには、校内の風通しをよくする風土、同僚性を高め、互いに注意喚起ができるように指導力の向上や校内研修を実施する組織的な指導体制が大切になる。それにより教職員一人一人の人権意識を高め、児童生徒や保護者との信頼関係を日頃から築くことで、体罰や不適切な指導を根絶したい。ただし万が一、他の教職員の体罰を目撃した場合は、速やかに関係者に事実関係を確認し、管理職に相談し、学校から教育委員会等に報告する必要がある。また、部活動における体罰については個々の事案ごとに

判断する必要があるため、部活動に関するガイドライン（文部科学省，2013；スポーツ庁，2018；文化庁，2018）を参考にしてほしい。

4 学校・家庭・関係機関等との連携・協働

　現在、各学校では「社会に開かれた教育課程」を通じて、必要な教育内容を明確にし、社会との連携・協働により社会全体で学校教育の実現を図ることが目指されている。これにより、家庭・地域社会の大人が学校を連携・協働の場として、複雑化・重層化した児童生徒のニーズに応えて学びや育ちを支えるだけでなく、学校の働き方改革を実現し、教員の専門性を生かすことが可能になるとされている。本節では、そのために配慮すべき2点について述べる。

（1） 家庭とのパートナーシップ

　保護者は、子どもの教育に重要な責任を有し、生活のために必要な習慣を身に付けさせ、自立心を育成し、心身ともに健全な発達を促すよう努めることが教育基本法第10条で規定されている。家庭教育が子どもに与える影響は大きい。そのため、学校は家庭とパートナーシップを築くことが連携・協働のポイントとなる。教員からの学級・学年・学校だより等の通信、保護者会、三者面談以外に、日頃から生徒の様子を伝える連絡帳や電話連絡の活用のほか、家族が教育に参画できるよう応援するSCの活動などがある。

　一方、ひとり親家庭が増加傾向にある中、保護者が支援を必要とする場合もある。ひとり親世帯の子どもについての悩みは、母子世帯・父子世帯ともに「教育・進学」が最も多く、次いで「しつけ」となっており、また、ひとり親で困っていることの上位は、「家計」「自分の健康」に加えて、母子世帯は「仕事」、父子世帯は「家事」となっている（厚生労働省，2021）。そのため、ひとり親家庭の児童生徒と保護者の双方へ必要な支援をすることも重要となる。そのような場合は、SSWとの連携や関係機関等の活用、また国や自治体の経済的支援（児童手当、児童扶養手当、ひとり親家庭医療費助成制度など）、

家庭生活支援員の派遣等の情報提供や活用を勧めるといった支援を行うことが求められる。

（2）地域との連携・協働

　文部科学省の開設サイト「学校と地域でつくる学びの未来」によると、学校教育の充実に向けて、現在、社会に開かれた教育課程の実現を目指した「学校を核とした地域づくり」が進められている。教育委員会は、主体的・計画的にコミュニティ・スクール（学校運営協議会制度）の導入や地域全体で子どもの学びや成長を支える地域学校協働活動の提供が求められている。

1）コミュニティ・スクール（学校運営協議会制度）

　コミュニティ・スクールは、学校運営に地域の声を積極的に生かし、地域と一体となって特色ある学校づくりを進めていく、「地域とともにある学校」への転換を図るための有効な仕組みである。教育委員会が学校に設置する学校運営協議会の主な役割等は、地方教育行政の組織及び運営に関する法律（第47条の5）に基づいて規定されている。それにより、①地域の力を生かした教育活動を行うことで、子どもの学びや体験活動が充実する、②地域住民や保護者等にとって学校を核とした子育て世代と地域の方々とのいっそうのつながりができ、防犯・防災に強い安心・安全な地域がつくられる、といった活動ができる。

2）地域学校協働活動

　地域学校協働活動は、地域の高齢者、成人、学生、保護者、PTA、NPO、民間企業、団体・機関等の幅広い地域住民等の参画により、地域全体で子どもたちの学びや成長を支える仕組みで、社会教育法第5条第2項に位置付けられている。そして、「学校を核とした地域づくり」を目指し、地域と学校が相互にパートナーとして連携・協働して行う様々な活動である。例えば、登下校の見守り、出前授業や授業補助、職場体験活動の場の提供、地域に出て行く郷土学習、地域住民と共に考える地域課題の解決、地域の行事に参画した地域づくりといった活動が挙げられる。

　「子どもたちが学校で将来のための備えをして、社会に出たときに自立して

幸せになってほしい」——家庭・地域社会、そして教員も同じ思いをもっている。しかし今、家庭や地域社会は多様な価値観や文化にあふれている。だからこそ学校の価値観や文化にしばられることなく、子ども中心にどのような連携が可能か、新しいパートナーシップの在り方を模索することが重要になってくるだろう。

【引用・参考文献】

文化庁 文化部活動の在り方に関する総合的なガイドライン（平成30年12月）

千葉スクールカウンセラー研修会緊急支援研究会マニュアル製作スタッフ 2005 スクールカウンセラーのための緊急支援マニュアル

厚生労働省 2021 令和3年度全国ひとり親世帯等調査結果報告 https://warp.da.ndl.go.jp/info:ndljp/pid/12862028/www.mhlw.go.jp/stf/seisakunitsuite/bunya/0000188147_00013.html（閲覧日2023年11月12日）

文部科学省 2013 体罰の禁止及び児童生徒理解に基づく指導の徹底について（通知）https://www.mext.go.jp/a_menu/shotou/seitoshidou/1331907.htm（閲覧日2023年11月12日）

文部科学省 2013 運動部活動での指導のガイドライン（平成25年5月）

文部科学省 2018 学校の危機管理マニュアル作成の手引

文部科学省 2019 「生きる力」をはぐくむ学校での安全教育

文部科学省 2021 「校則の見直し等に関する取組事例」 https://www.mext.go.jp/a_menu/shotou/seitoshidou/1414737_00004.htm 2021年11月12日（閲覧日2023年11月12日）

文部科学省 学校と地域でつくる学びの未来 https://manabi-mirai.mext.go.jp/index.html（閲覧日2023年11月12日）

日本経済新聞「『黒髪染め』校則は違法、府に一部賠償命令 大阪地裁」2021年2月16日 https://www.nikkei.com/article/DGXZQOHC10AFC0Q1A210C2000000/（閲覧日2023年11月12日）

静岡県総合教育センター「学校危機に関するシミュレーション訓練研修プログラム」https://www.center.shizuoka-c.ed.jp/page_202011130647（閲覧日2023年11月12日）

スポーツ庁 運動部活動の在り方に関する総合的なガイドライン（平成30年3月）

第2部　生徒指導における今日的課題

第6章

い　じ　め
....

1　いじめとは

　いじめ防止対策推進法が2013（平成25）年に公布施行されたことに伴い、各学校では同法第22条に必置とされている「いじめ防止対策のための組織」がつくられ、同じく同法第13条にある「学校いじめ防止基本方針」が定められている。そして、それらはホームページ等で公開されることになっている。

　また、いじめの定義は図6-1のように変遷しており（文部科学省，2019）、現在ではいじめ防止対策推進法第2条に定義がある。

　しかしながら、これらのいずれにおいても「当事者の主観的世界における被害性の存在」（小野，2015）が、いじめの重要な構成要件になっているのは間違いないので、それを満たせばいじめとなるであろう。

【1986（昭和61）年度からの定義　文部科学省】*
　①自分より弱い者に対して一方的に、②身体的・心理的な攻撃を継続的に加え、③相手が深刻な苦痛を感じているものであって、学校としてその事実（関係児童生徒、いじめの内容等）を確認しているもの。なお、起こった場所は学校の内外を問わないもの。

【1994（平成6）年度からの定義　文部科学省】*
　①自分より弱い者に対して一方的に、②身体的・心理的な攻撃を継続的に加え、③相手が深刻な苦痛を感じているもの。なお、起こった場所は学校の内外を問わない。

【2006（平成18）年度からの定義　文部科学省】*
　当該児童生徒が、一定の人間関係のある者から、心理的・物理的な攻撃を受けたことにより、精神的な苦痛を感じているもの。（※）なお、起こった場所は学校の内外を問わない。

【2013（平成25）年「いじめ防止対策推進法」第2条】
　児童等に対して、当該児童等が在籍する学校に在籍している等当該児童等と一定の人間関係にある他の児童等が行う心理的又は物理的な影響を与える行為（インターネットを通じて行われるものを含む。）であって、当該行為の対象となった児童等が心身の苦痛を感じているものをいう。

＊文部科学省の定義としてあるのは、正確にはすべて「児童生徒の問題行動等生徒指導上の諸問題に関する調査における定義」である。

図6-1　いじめの定義の変遷

2　いじめ防止等の対策のための組織と計画

（1）基本方針

　いじめは、人間の尊厳を踏みにじる行為であることを共通認識として、図6-2のように国・各地方公共団体・各学校のそれぞれの段階でいじめ防止の基本方針を定め、社会全体でいじめ防止に取り組む体制が取られている。

　しかし、この基本方針を単なるスローガンに終わらせることなく、実効性の伴うものにしていくことはきわめて重要である。そのためには、例えば国立

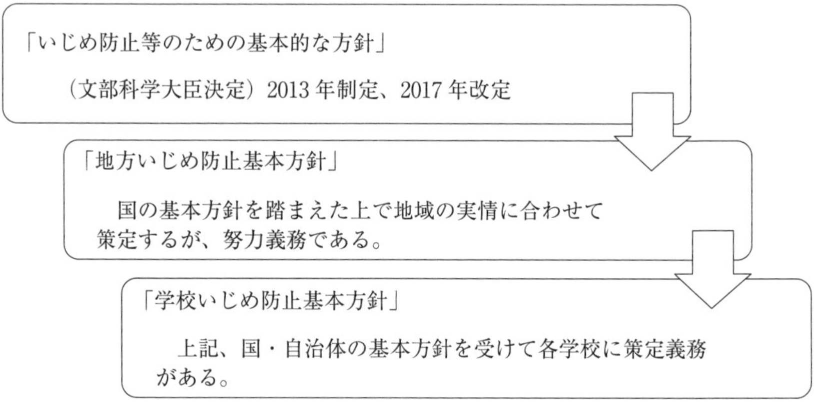

「いじめ防止等のための基本的な方針」

　　（文部科学大臣決定）2013 年制定、2017 年改定

「地方いじめ防止基本方針」

　　国の基本方針を踏まえた上で地域の実情に合わせて
策定するが、努力義務である。

「学校いじめ防止基本方針」

　　上記、国・自治体の基本方針を受けて各学校に策定義務
がある。

図 6-2　いじめ防止基本方針

教育政策研究所　生徒指導・進路指導研究センターの『どのように策定、実施したら「学校いじめ防止基本方針」が実効性のあるものになるのか？ ― 中学校区で取り組んだ 2 年間の軌跡 ― 』(2016) などが大いに参考になるので、ぜひ参照されたい。

（2）対策のための組織

　いじめ防止対策推進法第 22 条では、各学校にいじめ防止等の対策の組織を置かなければならないとしている。そしてこの組織が形式的なものであってはならず、実効的なものとするために、当該学校の複数の教職員、心理、福祉等に関する専門的な知識を有する者、その他の関係者により構成されるものとしている。

　この必置の組織については、既存の生徒指導部や生徒指導委員会等の組織を活用しても構わないとされており、千葉県高等学校教育研究会教育相談部会では、それまで設置率の低かった（特に高校）学校保健委員会の設置並びに再活用を促進し、さらに CDC のスクールコネクティッドネス（School Connectedness）の概念を理論的根拠として組織化を図る例が紹介（田邊・藤原, 2015）されている。それは、同条文を厳密に解釈したときに、心理、福祉等に関する専門的な知識を有する者を含むことが難しい学校が多いと思われ

ることから、その問題を解消し、かつ効果的な組織をつくるための現場の工夫
であったといえる。SCやSSWの配置されている学校を除けば、校内に心理、
福祉等に関する専門家はほぼいないと解されるからである。

　ただし、実際には2017（平成29）年施行の公認心理師法の下で、国家試験
に合格し登録している公認心理師の中には相当数の教員が含まれており、その
意味で各学校の教員の中にも心理の専門家が存在している率は、現在のところ
高まっているといえる。さらに、この条文をより積極的に解釈するならば、教
員の中に多数存在すると思われる各都道府県教育委員会等の委託派遣による教
育相談や生徒指導、あるいは教育臨床などの長期研修修了者や自費での関係大
学院修了者などは心理、福祉等に関する専門的な知識を有する者と見なされて
然るべき存在である。

　また、国家資格である公認心理師と違って、民間資格ではあるが臨床心理
士やガイダンスカウンセラー、学校心理士、臨床発達心理士（特別支援学校教
諭に多い）、思春期保健相談士（養護教諭に多い）など資格に伴う専門性が学
会等の研修や資格審査によって、ある程度担保されている有資格者も学校教育
関係の中には多数存在している。そのような資格を有し、日々研鑽を積んでい
る教員が多数存在しているのも事実である。それらの教員を、ここでいう専門
的な知識を有する者と理解し活用することは十分に可能であると考えられる。

（3） 対策のための計画

　図6-3は生徒指導の重層的支援構造にいじめ防止等の対策を重ねたもので
ある。学校でのいじめ問題への取組の要諦は、いじめの未然防止つまり予防で
あり、それはいじめ防止対策推進法や国ならびに各自治体、各学校における
「いじめ防止基本方針」に定められた重大事態をでき得る限り生じさせないと
いうことである。

　いじめの重大事態とは、いじめ防止対策推進法第28条第1項の1号と2号
に表6-1の2種類が定められている。この重大事態への対応については、基
本方針に基づいて徹底するために「いじめの重大事態の調査に関するガイドラ
イン」が2017年に定められ、事実関係を明確にするための調査を行い、同時

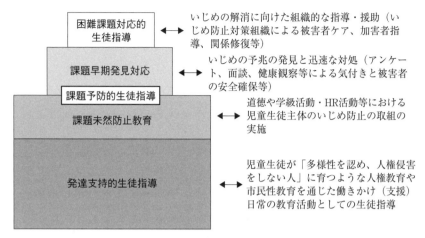

図 6-3　いじめ対応の重層的支援構造
（文部科学省，2022）

表 6-1　いじめの重大事態

①生命・心身・財産重大事態
いじめにより児童生徒の生命、心身及び財産に重大な被害が生じた疑いがあると認められる場合。
②不登校重大事態
いじめにより児童生徒が相当の期間学校を欠席することを余儀なくされている疑いがあると認められる場合。

に教育委員会や自治体の首長に報告が上げられる仕組みとなっている。

　もちろん、重大事態への対処が学校におけるいじめ問題への重要な課題であることは間違いない。しかし、それはあくまでも、起こってしまった重大事態への対症療法的な危機対応としての問題である。図6-3でいえば、困難課題対応的生徒指導の一環といえよう。

　本来、教育の場である学校では、あくまでもその前段階として、重大事態を生じさせない学校づくり、環境づくりに、最大の力点が置かれるのは至極当然のことである。大野（1997）が「たがやす」という言葉で強調したことも、まさにそのことであるといえる。学校をたがやすことこそ最も重要なことなの

だ。そのたがやす作業こそ、図6-3でいうところの発達支持的生徒指導であり、課題予防的生徒指導に他ならない。

　より具体的には、多様性を認める社会（ダイバーシティ）へのいっそうの理解、人権感覚の十分な育成、コミュニケーション能力や社会的スキルの地道な向上、ピア・サポート等を常に念頭に置いた学校教育の推進ということになる。これらを年間指導計画の中に位置付ける必要がある。本来であれば、第3章の表3-2の中に位置付けるものであるが、それでなくても教務関係やICT教育関係の研修が目白押しの学校の中で、さらに時間を要する研修の設定を一律には論じられない。校種や地域、そして何よりそれぞれの学校と児童生徒の特性に応じた年間計画への位置付けを考えていくことが大切である。そこで実際には、各学校の実情に応じて内容を吟味した上で、図6-2の中に付加することで、詳細なものを作っていくことが必要である。

3　いじめに関する生徒指導における指導・支援・教育

（1）　いじめの発見

　第3章の「表3-2　保護因子とリスク因子を意識した生徒指導にかかわる年間計画」は、生徒指導上の取組の大枠を年間計画にしたものであるが、特に重要な点は、いじめに関する計画ではアンケート調査が毎学期入っていることである。

　いじめに関しては、「殴る」「冷やかし」などの言動による直接的ないじめの他にも、「無視」などの仲間間の関係性の操作によるいじめ、手段としてのSNSなどを介したいじめなど、その様相が年々多様化、複雑化していて実態把握が難しくなってきているという現実がある。その状況の中でも特に有効に機能するとされるのがアンケート調査である。

　アンケート調査については、効果が薄いと見る向きもあるが、実施の工夫（アンケート自体の項目や実施方法については、先述の基本方針のところで取り上げた国立教育政策研究所の資料がここでも大いに参考になる）と全員対象

の個別面接（いじめに特化したものでなくてよい）の併用で，かなりの実質的な効果を上げることが可能である。

（2）いじめへの具体的対応

前掲の「表6-1 いじめの重大事態」の①について、生命への被害とは自殺の念慮・企図・既遂等も含まれる。また、心身及び財産への被害とは30日程度以上の傷害や金品の恐喝などに関する事案ということになるが、これは構成要件を満たしていれば、もはや犯罪であり司法警察の関わるところである。

②について、「相当の期間学校を欠席する」とは、いじめを原因として年間30日以上の欠席があることが目安となる。

後述するが、学校での対応の基本は先述のような重大事態を招かないという点にある。以下に具体例を述べる。

1）ターゲットスキルを特定したSST

生徒に対するアンケートと聴き取りによるアセスメントの結果から、その学校におけるターゲットスキルを特定する。例えば「上手な断り方のスキル」とか「他者に相談するスキル（SOSの出し方のスキル）」などである。

ターゲットスキルの特定後、担任への全体的な研修を行い、その後各担任がクラスで実施する。これだけでもある程度の効果がみられる。これは基本的には予防的対応ではあるが，実際に生じた事案にも応用できるものである。

2）月に3日以上の欠席

年間30日の欠席というと、長期休業を除けば月平均でおおよそ3日ということになる。それを基準として、そこに達すると必ず個別面接、場合によっては保護者面接を実施していった事例である。いじめの発見には効果的であると同時に、いじめと関わらない不登校対応としても有効なものである。

3）効果的なルールづくり

ネットを介在としたいじめや依存への有効な対応策として、ネットリテラシーや情報モラル教育の重要性が挙げられる。特にルールづくりが大切であるが、それが真に有効に機能するために法教育の効果的な活用が重要となる。

ルールづくりにあたっては以下のような点を考慮することで効果を上げて

いる。

① ルール作成までの十分な話し合いの過程を重視する。

② できればデバイスを渡す最初の段階でルールを明記した契約書を作る。

③ 個人の成長・発達の段階や学年進行を考慮した契約更新の考え方を入れ
る。

4 関係機関との連携

いじめに関する関係機関との連携にあたっては、図6-4を参考にするとよ
い。

図6-4の「いじめスペクトラム」は、いじめの態様を攻撃性の強弱と犯罪
性の高低で簡易的に図示したものである。

個別のいじめ事案は、全て境界線のない（あるいは曖昧な）スペクトラム上
に点在している。例えば、同じ「金品を隠す」という行為であったとしても、
それぞれ個別の具体的事案によって攻撃性の強いもの・弱いもの、犯罪性の高

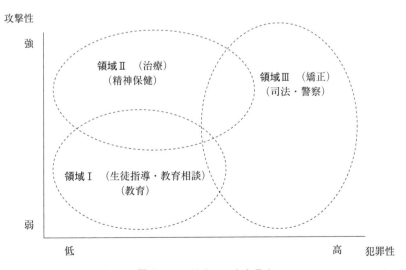

図6-4 いじめスペクトラム

いもの・低いものなど様々であり、程度の異なるものが混在している。

　これらを一律に扱うことはできないので、どのような機関との連携が必要かの目安となるものが、図 6-4 の「いじめスペクトラム」である。いじめを手段による直線的なスペクトラムと考えるのではなく図 6-4 のように捉えることで、学校教育において、どのような対応を基本とすればよいかがはっきりとしてくる。それは重大事態を生じさせないように努めるということであると同時に、個人の成長につなげることのできる攻撃性が比較的弱く、犯罪性が比較的軽い領域 I の範囲内に収め教育の対象として関わるのである。

　なお、ここでは便宜的に領域としているが、正確には領域ではなく境界の曖昧なスペクトラムである。犯罪性の高いものは図 6-4 の右側に多くポイントされ、矯正の対象として多くの場合、司法・警察関係が連携機関となる。また、攻撃性の強いものは上部にポイントされ、治療の対象として医療・福祉関係の機関との連携が重要となる。しかし、いずれにしても小野（2015）が指摘するように、精神保健を含む健全な心身の発達の場としての学校の有用性が、生徒指導を通して改めて認識されてきているといえる。

【引用・参考文献】

国立教育政策研究所　生徒指導・進路指導研究センター　2016　どのように策定・実施したら、「学校いじめ防止基本方針」が実効性のあるものになるのか？ ― 中学校区で取り組んだ 2 年間の軌跡 ―（平成 28 年 6 月）

小野善郎　2015　いじめと精神保健　田邊昭雄・富樫春人・高橋閑子 編著　いじめ予防と取り組む 〜精神保健の視点から〜　千葉県高等学校教育研究会教育相談部会

大野精一　1997　学校教育相談とは何か　カウンセリング研究 30

文部科学省　2019　いじめの定義の変遷　https://www.mext.go.jp/component/a_menu/education/detail/__icsFiles/afieldfile/2019/06/26/1400030_003.pdf（閲覧日　2024 年 3 月 12 日）

文部科学省　2022　生徒指導提要（改訂版）

田邊昭雄・藤原和政　2015　精神保健を基礎にした体制づくり　いじめ予防に取り組む 〜精神保健の視点から〜　千葉県高等学校教育研究会教育相談部会

田邊昭雄・田中友理　2021　ネットトラブルへの対応 ―法教育をベースにした具体的なルール作りの実践例 ―　東京情報大学　教職課程年報第 7 号

植草伸之 2021 いじめによる不登校を防ぐ 小澤美代子 監修 田邊昭雄 編著 やさしくナビゲート！ 不登校への標準対応 ― どこの学校でもできる上手な不登校対応 ― ほんの森出版

コラム　見えにくいいじめ

　学校現場で起きているいじめの様態が、これまでと変化しているようにみえる。

　例えば、子どもたちが休み時間に校庭でサッカーをしている。この場面は、「いつも仲良く遊んでいる仲間」のように見えるが、実は特定の子どもにはボールを回さなかったり、片付けはいつも決まった子どもにやらせたりといったことが起こっている。ボールを回してもらえない子どもや片付けをいつもさせられている子どもは、嫌な思いを抱えてはいても自分から先生にそれを言うことは少ない。なぜなら、遊ぶ仲間がいなくなるのが嫌だからだ。

　また、ネットによるいじめも教員や周りの大人には見えにくい。子どもAが他のクラスの子どもBへある生徒の悪口をラインで送った。すると受け取ったBが、その内容を自分のクラスのグループラインで配信した。悪口を言われた生徒を含め、グループライン上で、Aへの誹謗中傷が始まった。さらに、複数の子どもがAのことをライン上だけの呼び名で呼ぶようになり、廊下ですれ違うたびに、Aに対してその呼び名で声をかけるという嫌がらせをするようになった。これらのことに関わっている子どもたちは、学校でこのことを口にすることはなく、ライン上だけでやり取りは続いてしまう。やがてAは、保健室へ頻回に来室するようになり、その後学校を休む日が続いた。担任や養護教諭がAに話を聴き、このいじめが明らかになった。この場合、グループライン上でAを揶揄、誹謗中傷した生徒たちは、自分が加害者であるという意識が低い状態でいじめに関わっている。

　今や、中学生のスマートフォン利用率はおよそ86.6％に達しているという。学校とは異なるコミュニティがSNSの中でつくられ、大人に見えにくい環境の中でいじめが起こっている。ネットで特定の人物への誹謗中傷などが拡散され、被害者が学校を欠席するようになって、その原因がいじめと分かり、周りの大人が気付くことも少なくない。子どもは自分がいじめられていることをなかなか言い出せない。だからこそ子どもと過ごす大人は、いじめの被害にあっている子ども自身が辛さや苦しさを、そして周りの子どもはその状況を、近くにいる大人へ伝えやすい環境をつくらなければならない。社会総がかりでいじめに対応する今、子どもと関わる大人は、いじめは「人権を侵害する行為」であることを子どもへ教えるとともに、子どものサインに気付けるよう、いじめの構造や対応の在り方等について

学び続け、いじめの防止や早期発見に努めなければならない。

【引用・参考文献】
内閣府　令和4年度 青少年のインターネット利用環境実態調査　https://www.cfa.
　　go.jp/assets/contents/node/basic_page/field_ref_resources/ce23136f-8091-4491-
　　9f29-01fc8a98cf83/18a29c16/20230401_councils_internet-kaigi_ce23136f_10.pdf（閲覧
　　日 2023 年 12 月 15 日）

（齋藤　美枝）

1 暴力行為とは

(1) 暴力行為の現状

　文部科学省（2023）によれば、暴力行為とは「自校の児童生徒が故意に有形力（目に見える物理的な力）を加える行為」と定義される。また、その対象により、①対教師暴力、②生徒間暴力、③対人暴力、④器物損壊の形態に分類されている。

　暴力行為の総数は、統計データを取得した2013（平成25）年度からみると、若干の増減はあるものの、その推移は増加傾向にある（表7-1）。

　形態別に暴力行為の発生件数の推移をみると、特に、①対教師暴力と②生徒間暴力は増加傾向が強い。ただし、学校種別の視点からは、近年では小学校の著しい増加傾向と、中学校・高等学校の減少傾向がうかがえる。これが、いわゆる「暴力行為の低年齢化」である。

　他方、③対人暴力と④器物損壊も同様だが、新型コロナウイルス感染症の流行前後で学校種別の違いがみられ、2019（令和元）年度以前は中学校の発生件数が最も多かったのに対し、2020（令和2）年以降は小学校が最多となっている。

　これらの結果について、文部科学省（2023）は、教育活動の再開に伴う教師や児童生徒間の接触機会の増加や、いじめの問題の影響（いじめも小学校が最多である）などを要因に挙げている。しかし、暴力行為の加害児童生徒の数は、中学校1年生が最も多い。そのため、先述したように学校種別の観点のみ

表 7-1　暴力行為の形態・学校種別発生件数の推移

形　態	学校種	年　度									
		2013	2014	2015	2016	2017	2018	2019	2020	2021	2022
①対教師暴力	小学校	1,964	2,151	2,939	3,624	4,662	5,408	6,505	5,911	6,657	9,021
	中学校	7,150	6,086	4,787	3,891	3,455	3,248	2,921	2,445	2,497	2,702
	高等学校	629	598	486	503	510	478	423	264	272	250
	形態計	9,743	8,835	8,212	8,018	8,627	9,134	9,849	8,620	9,426	11,973
②生徒間暴力	小学校	6,849	7,118	11,347	15,810	19,846	26,543	32,120	30,548	36,365	45,428
	中学校	22,189	20,467	20,110	19,324	18,558	19,989	19,413	14,459	17,195	21,364
	高等学校	5,519	4,843	4,648	4,350	4,201	4,596	4,187	2,409	2,464	2,788
	形態計	34,557	32,428	36,105	39,484	42,605	51,128	55,720	47,416	56,024	69,580
③対人暴力	小学校	176	205	319	325	370	473	308	549	402	524
	中学校	1,041	949	804	784	710	612	601	418	392	477
	高等学校	364	296	278	243	226	251	277	143	149	177
	形態計	1,581	1,450	1,401	1,352	1,306	1,336	1,186	1,110	943	1,178
④器物損壊	小学校	1,907	1,998	2,473	3,082	3,437	4,112	4,681	4,048	4,714	6,482
	中学校	9,866	8,181	7,372	6,149	5,979	5,471	5,583	3,971	4,366	5,156
	高等学校	1,691	1,354	1,243	1,359	1,371	1,759	1,768	1,036	968	1,057
	形態計	13,464	11,533	11,088	10,590	10,787	11,342	12,032	9,055	10,048	12,695
計	小学校	10,896	11,472	17,078	22,841	28,315	36,536	43,614	41,056	48,138	61,455
	中学校	40,246	35,683	33,073	30,148	28,702	29,320	28,518	21,293	24,450	29,699
	高等学校	8,203	7,091	6,655	6,455	6,308	7,084	6,655	3,852	3,853	4,272
	総計	59,345	54,246	56,806	59,444	63,325	72,940	78,787	66,201	76,441	95,426
1,000 人あたりの発生件数		4.3	4.0	4.2	4.4	4.8	5.5	6.1	5.1	6.0	7.5

※これら発生件数は、原則として、学校の管理内外を問わずに集計されているが、④器物損壊については、学校管理下で起きたものに限る。

※各暴力行為の例：［対教師暴力］教師の胸ぐらをつかむ、教育相談員を殴る
　　　　　　　　　［生徒間暴力］生徒同士で殴り合う、他校の生徒を突き飛ばす
　　　　　　　　　［対人暴力］地域住民を足蹴りする、通行人に怪我を負わす
　　　　　　　　　［器物損壊］窓ガラスを故意に割る、他人の私物を壊す

（文部科学省，2023）

で解釈を加えることはやや難しい。暴力行為の半数以上が②生徒間暴力である現状も踏まえれば、その背景には、進学（進級）に伴う学習環境の変化だけではなく、児童生徒間のトラブルや非行も含まれていることは容易に想像がつくだろう。また、近年では、暴力行為の要因として、児童生徒の生育環境や家庭環境の変化に加え、感情のコントロールの未熟さ等の発達上の課題も挙げられている（暴力行為のない学校づくり研究会，2014）。そのため、暴力行為につ

いても、いじめや不登校などと同様に、児童生徒一人一人が抱える諸課題について、学校組織全体として対応しなければならない。

（2）　暴力行為に関する対応指針

　このような暴力行為が発生した場合の対応指針として、「暴力行為のない学校づくりについて（報告書）」（暴力行為のない学校づくり研究会，2014）と「問題行動を起こす児童生徒に対する指導について（通知）」（文部科学省，2007）がある。

　前者は、暴力行為に対する効果的な生徒指導の在り方について、予防と再発防止の観点を強調して示したものである。日常の生徒指導（挨拶の励行や児童会・生徒会活動の活性化など）や道徳教育の充実、児童生徒が発するサイン（不機嫌でイライラしている、投げやりになる、遅刻や欠席が増える、成績が落ちるなど）の早期発見・早期対応が暴力行為の発生を予防する。また、基本的な生活習慣の指導の徹底や分かる授業（教科指導の充実）の展開、児童生徒の人間関係を支える適切な学級経営が落ち着いた学習環境を維持し、暴力行為の再発を防ぐ。さらに、近年では、暴力行為の低年齢化の問題を受け、学校種間の連携の下に行われる発達支持的な指導（例えば、小中一貫プログラムとして行われるアンガーマネジメントなど）も行われている。同じ児童生徒が暴力行為を繰り返す傾向があることが指摘されている中で、このような日常的かつ長期的な視座にたった生徒指導はますます必要になるだろう。

　他方、後者は、授業妨害も含めた暴力行為への対応について、その基準の策定や公表、警察との連携による生徒指導、懲戒（出席停止など）の在り方についてまとめている。他の児童生徒の安心や安全を確保するためにも、時には毅然とした対応も必要である。「学校教育法第11条に規定する児童生徒の懲戒・体罰に関する参考事例」（文部科学省，2017）も活用しながら、適切な懲戒を講じて学校の秩序を守り、児童生徒の規範意識も高めていきたい。

　これらの対応指針に共通していることは、暴力行為は、管理職のリーダーシップの下、家庭・地域・関係機関等と連携しながら学校組織全体として対応する必要があることである。先述のとおり、暴力行為は低年齢化が進み、従前

のように単なる非行の一部としては捉えきれなくなった。また、特別な支援の必要性も含めた発達上の課題も要因に取り上げられるなど、その背景もますます複雑化してきている。そのため、学校には、実効性の高い指導体制をあらかじめ構築し、これら指針に示されている対応について、学校全体で共有することが必須となっている。

2　学校の組織体制と計画

（1）　生徒指導の目標・方針の明確化

　暴力行為の改善を目指す援助を効果的なものとするためには、学校組織として統一的な対応が求められる。そのため、暴力行為を起こした児童生徒への指導目標・方針は、全ての教職員間で共有する必要がある。

　指導目標は、当該児童生徒に関する情報収集をした上で、各学校の教育目標を踏まえつつ、管理職や生徒指導主事らがリーダーとなって、学年主任や担任教師と共に設定する。時には、児童生徒の抱える問題の内容に応じて、関係機関等に意見を求めることも必要である。

　指導目標が設定された後は、具体的な指導方針や指導基準を明確にする。例えば、毎日遅刻せず登校する［指導目標］に対して、2日間の遅刻を［指導基準］とし、受容的に関わる［指導方針］を全ての教職員で共有すれば、各教師による指導のばらつきがなくなり、学校組織として統一的な対応が可能となる。

（2）　全校的な指導体制の確立

　暴力行為に対する組織的な対応を進めるためには、あらかじめ全校的な指導体制を整えておくことも重要となる。具体的には、次のような指導体制を確立することが望まれる。

　①　事案の重大性や性質に応じた対応組織や役割分担の明確化

　②　暴力行為への対応フローやマニュアルの策定

　③　指導方針・基準・方法等を日常的に共有する校内連携型支援チームの

整備

なお、これらの指導体制の確立にあたっては、校長の監督を受けながら生徒指導に関する事項を司る生徒指導主事のリーダーシップが欠かせない。その主な業務としては、生徒指導に関する年間指導計画の策定や、生徒指導部会の定期開催と教職員との連絡調整、研修の推進、担任の支援、児童生徒の個別の指導資料の蓄積、関係機関等との連絡調整、緊急事態への対応などが挙げられる。加えて、SC や SSW などの専門家と連携するコーディネート力も求められる。

また、生徒指導の般化を意図した家庭との連携や、重大事態における教育委員会との連携など、学校外の関係者への情報提供が必要となる場合に備えた指導体制もあらかじめ構築しておくと、より適切な対応が可能となる。

3 暴力行為に対する重層的支援

暴力行為に対する重層的支援について、各層の指導・援助例を表7-2に示す。

特に、未然防止教育においては、暴力行為に関する授業や講演会を開催する際に、その結果（非行名や罰則）についても周知し、警察による捜査や児童相談所による措置、家庭裁判所から処分を受ける可能性もあることを理解させ、必ず振り返りによる気付きをもたせたい。

また、早期発見のためには、各自治体で作成しているチェックリストなども活用できる。暴力行為を起こす児童生徒は、生活リズムの乱れから普段の学校生活に適応できていない場合が多く、遅刻・早退・欠席の状況や登下校時の挨拶の有無、授業態度などの小さな変化にも目を配れるとよいだろう。さらに、粗暴な言葉や、相手を殴るような素振りなどの前兆行動が見られた場合は、場当たり的に指導するのではなく、先入観や偏見のない態度で児童生徒の話を傾聴することも重要である。その上でも介入が必要な場合は、関係機関との連携や、保護者の協力も得ながら共に指導・援助していくことがその後の効

表7-2 暴力行為に対する重層的支援構造別の指導・援助例

重層的支援構造	指導・援助例
発達支持的生徒指導	日常の挨拶、児童生徒とのコミュニケーション、模倣される暴力行為のない・許容しない雰囲気づくり、暴力行為への対応方針の学校・家庭・地域との共有、人権教育、法教育、情報モラル教育、感情のコントロール講座
課題予防的生徒指導	〈未然防止教育〉 道徳科や特別活動における暴力や非行をテーマとした授業、暴力・非行防止に関する講演（暴力行為と非行名の周知を含む）、暴力行為による被害者の心情の理解促進教育 〈早期発見対応〉 チェックリスト等に基づく日常生活や前兆行動の観察、健康・心理・発達・学習・社会・進路・家庭面のアセスメント、保護者や専門家（SC や SSW など）との連携、チーム学校としての指導
困難課題対応的生徒指導	被害者の手当て、周囲の安全確保、警察や救急への通報、捜査・調査への協力、被害者のケア・支援と加害児童生徒への指導及び各保護者対応、いじめ事案としての対応有無の検討

果的な困難課題対応的生徒指導につながる。高等学校の場合は、暴力行為を理由に中途（懲戒）退学となることもある。このような意味では、これら早期発見・早期対応は、暴力行為だけではなく、高等学校における中途退学（第11章を参照）の防止にもつながるため、より丁寧な児童生徒理解を心がけたい。

　とりわけ、このような重層的支援の鍵となるのが、ミドルリーダー（生徒指導主事や教育相談コーディネーター、養護教諭、SC、SSW など）を中心とした校内連携型支援チームである。早期発見・早期対応の対象となる児童生徒の見きわめのために、学年主任や関係教員を交えたケース会議を定期的に開催することもある。一過性の出来事という印象が強い暴力行為ではあるが、課題予防的生徒指導の視点からも、このような校内指導体制の整備は欠かせない。

4　関係機関等との連携と具体的対応

　また、「チーム学校」として暴力行為への指導・援助を行うにあたっては、ネットワーク型支援チームとしての地域や関係機関等との連携もきわめて重要となる。ことさら非行につながるようなケースでは、学校だけで対応・解決していくことは困難な場合が多い。暴力行為そのものへの対応だけではなく、未然防止の段階から児童生徒に応じた指導・援助ができるよう、管理職のリーダーシップの下、普段から関係機関等との連携関係を築いておきたい（表7-3）。

　例えば、警察や少年サポートセンター、法務局、検察庁、少年鑑別所（法務少年支援センター）、少年院、保護観察所の職員などを未然防止教育の段階で開催する暴力・非行防止をテーマとした授業や講演会の外部講師として招くことが挙げられる。また、様々な障害や精神疾患等による前兆行動がみられる場合は医療機関との連携が、虐待や貧困が理由の場合は児童相談所や自治体の福祉部門との連携が、それぞれ視野に入るだろう。

　万が一、暴力行為が発生した場合は、警察や少年サポートセンター、少年鑑別所などとも相談し、暴力行為に及んだ児童生徒への対応を協議することも必要である。その一方で、被害児童生徒のケアや回復支援も忘れてはならない。怪我の治療のためだけではなく、精神面のケアが必要な場合は、SC が中心となって対応を進めるほか、保護者と相談の上、精神科や心療内科などの医療機関につなぐことも考えられる。

　また、暴力行為に及んだ児童生徒の立ち直りを目指す場合、孤独・孤立を防ぐためにも、児童生徒の身近な存在である民生委員や児童委員、保護司などとも連携し、暴力行為を起こした児童生徒の見守りを行うことも重要である。場合によれば、その児童生徒の個性や良さを生かす機会提供のために、地域の地元企業に受け入れを依頼することもあるだろう。

　このように、「地域・社会に開かれたチーム学校」としての指導・援助は、暴力行為に及んだ児童生徒の立ち直りだけでなく、ひいては、学校や地域の安全・安心にもつながる。

表7-3 主な関係機関の役割と連携内容例

関係機関		役割及び連携内容例
警 察	役割	暴力行為や非行の予防、逮捕、捜査など
	連携内容	非行防止教育、防犯講演会、被害届の提出是非相談、学校警察連絡協議会の開催など
少年サポートセンター（都道府県警内に設置）	役割	少年相談活動、非行防止活動（補導）、犯罪被害少年支援など
	連携内容	非行防止教育、学校と連携した補導活動、防犯啓発活動、児童生徒に応じた立ち直り支援活動など
少年鑑別所（法務少年支援センター）	役割	観護措置少年の収容、医学・心理学等を用いた鑑別など
	連携内容	非行防止教育、児童生徒の実態把握調査への指導・助言、定期駐在による指導、教育相談など
保護観察所（保護司・保護司会）	役割	保護観察、保護対象の生活環境の調整、防犯啓発活動など
	連携内容	非行防止教育、法教育、防犯パトロール活動、保護観察児童生徒の相談など
児童相談所	役割	子どもの虐待・非行等に関する相談及び援助、一時保護、措置
	連携内容	非行防止教育、防犯パトロール活動、児童虐待防止、学校巡回など
民生（児童）委員	役割	高齢者・児童・妊産婦等の見守り・相談、児童虐待防止など
	連携内容	児童生徒の登校時の見守り・付き添い・挨拶運動、児童生徒の相談相手など

【引用・参考文献】

暴力行為のない学校づくり研究会（文部科学省） 2014 暴力行為のない学校づくりについて（報告書） https://www.mext.go.jp/b_menu/shingi/chousa/shotou/079/houkou/1310369.htm（閲覧日 2023 年 12 月 9 日）

文部科学省 2007 問題行動を起こす児童生徒に対する指導について（通知） https://www.mext.go.jp/b_menu/shingi/chousa/shotou/079/houkou/1310369.htm（閲覧日 2023 年 12 月 9 日）

文部科学省 2017 学校教育法第 11 条に規定する児童生徒の懲戒・体罰等に関する参考事例

文部科学省 2023 令和 4 年度 児童生徒の問題行動・不登校当生徒指導上の諸課題に関する調査結果について

コラム　暴力行為（器物損壊）を起こした生徒の思いを知る

　ある中学校で、校舎一階の窓ガラスが全て割られた事件が起こった。部活動の指導で早くに出勤した教師が発見し、対応マニュアルのとおり、初期対応（警察への通報とガラス破片への注意喚起など）にあたった。ちょうど夏休みでもあったため、登校した生徒が少なく、怪我の報告がなかったことは不幸中の幸いであった。

　その後、窓ガラスについては早急に取り替えられ、すぐに日常の学校風景が戻った。目撃者などの情報から、深夜に数名の生徒らしき人物が金属バットで割ったことが判明した。さらなる聞き取りから、窓ガラスを割った生徒の一人は、遅刻をすることで有名で、ときおり問題を起こす生徒であることが分かった。そのため、学級担任は、学年主任や生徒指導主事、校長とも相談し、生徒の保護者も含めた面談指導を行うこととした。面談当日、来校した保護者の顔を見て学級担任は驚いた。なぜならその保護者は、先日、割れた窓ガラスを取り替えた業者であったからである。面談は生徒と保護者を分けて実施された。学級担任が生徒に窓ガラスを割った理由を尋ねると、その生徒は「親を困らせたかった」と端的に答えた。別室で他の教員と面談をしていた保護者にこのことを伝えると、保護者からも同様の話を聞くことができた。日頃は、素行の悪さを注意するとすぐに家を出てしまう。また、顔を合わせるとすぐに喧嘩になるため、どう関わればよいか悩んでいたという。

　再び生徒のもとに戻り、保護者の気持ちを伝えると、「うちの（親）はそもそも俺に興味がない。だから窓ガラスを割って困らせてやろうと考えた」と鼻で笑いながら語った。その生徒の遠くを見る眼には、親への思いに涙が滲んでいた。

　今回は、謝罪や反省の言葉、校内清掃の申し出などから生徒の改善が見込まれたことや、保護者からの弁済もあったため、警察とも相談し、被害届の提出までには至らなかった。適切な感情表出ができず、行き場のない気持ちを暴力行為や少年非行に表出する事例は多い。しかし、その背景には、攻撃性だけでは説明できない子どもの悩みが隠れていることもしばしばである。

（古屋　真）

少年非行

1 少年非行とは

（1） 少年法における「非行」とは

　2022（令和4）年4月に民法が改正され、成年年齢が18歳へ引き下げられた。同時に改正された少年法第2条では、従前どおり「二十歳に満たない者」を「少年」と定めているが、第62条により、18歳以上の少年を新たに「特定少年」と区別した。これにより、検察官へ逆送される犯罪行為の範囲が拡大し、成人と同じように刑罰を受ける可能性も高まった。もちろん、裁判所において実刑の判決を受ければ少年刑務所に服役する。場合によれば実名報道もされることから、この改正は少年法の厳罰化ともいわれている。

　これらの変遷を踏まえた上で、改めて少年非行について考えてみたい。改正少年法第3条では、次に挙げる少年を家庭裁判所の審判に付す者と規定している。ただし、起点となる年齢が14歳となっているのは、刑法第41条により「十四歳に満たない者の行為は、罰しない」と定められているためである。

　① 犯罪少年：14歳以上で犯罪を行った少年

　② 触法少年：14歳未満で刑罰法令に触れる行為をした少年

　③ ぐ犯少年：保護者の正当な監督に服しない等の理由から、将来、犯罪または触法行為をする虞のある18歳未満の少年

　このうち、犯罪少年（ただし、刑法に限る）の検挙人数は、2021（令和3）年から2022年にかけて微増したが、過去10年間の推移は概ね減少傾向にある（図8-1）。毎年、暴力や傷害などの粗暴犯や窃盗犯が最も多く、これらの

合計は検挙人数全体の約7割を占めている。

　同様に、警察や少年補導職員などによる「不良行為少年」の補導人数も減少している。飲酒と薬物乱用による補導人数はほぼ横ばいであるため、深夜はいかいと喫煙による補導人数の毎年の減少が、そのまま補導人数全体の減少傾向につながっている（表8-1）。これは、新型コロナウイルス感染症の流行による外出自粛や、受動喫煙防止等に向けた社会環境の整備が影響していると考えられる。

　なお、不良行為少年とは、少年警察活動規則第2条において「非行少年には該当しないが、飲酒、喫煙、深夜はいかいその他自己又は他人の徳性を害する行為をしている少年」と定められており、法律上の解釈としては、少年法に規定される「非行」とは異なるものである。そのため、不良行為によって補導さ

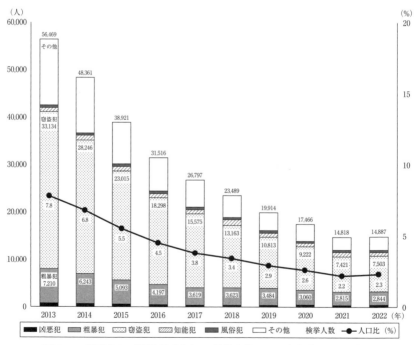

図 8-1　犯罪少年（刑法犯少年）の検挙人数と 20 歳未満人口比の推移
（警察庁生活安全局人身安全・少年課，2023）

表 8-1　主な不良行為ごとの補導人数の推移

（人）

不良行為	年度									
	2013	2014	2015	2016	2017	2018	2019	2020	2021	2022
喫煙	257,043	225,920	198,555	162,231	138,588	112,861	98,787	99,220	92,786	87,165
飲酒	14,453	12,191	11,681	11,648	12,822	13,371	13,895	12,806	13,815	13,160
薬物乱用	126	98	75	62	58	108	81	110	120	139
深夜はいかい	472,852	429,943	373,132	309,239	270,667	226,377	210,691	179,186	158,202	150,948
その他	65,178	63,022	58,355	53,240	54,149	52,037	51,528	41,860	43,640	45,666
総数	809,652	731,174	641,798	536,420	476,284	404,754	374,982	333,182	308,563	297,078

（警察庁生活安全局人身安全・少年課，2023）

れたとしても家庭裁判所に送致されることはなく、児童相談所などで保護される場合が多い。しかし、いじめや暴力行為は、その実態や悪質性から傷害罪や器物損壊罪などの刑罰に該当することもあり、非行として家庭裁判所に送致される場合もある。このように、少年非行は、一般のイメージと法律上の解釈が異なる部分もあるため、一つひとつの事案について慎重な判断と対応が教師には求められる。

（2）児童福祉法における「要保護児童」とは

「要保護児童」とは、児童福祉法第 6 条の 3 第 8 項において「保護者のない児童又は保護者に監護させることが不適当であると認められる児童」と定義付けられている。一般的には児童虐待を受けた児童がイメージされるが、14 歳未満の触法少年またはぐ犯少年も含まれていることには留意したい。

なお、この要保護児童の初期対応にあたるのは、同法第 25 条により、児童相談所あるいは各自治体の福祉事務所である。ただし、触法少年の場合は、家庭裁判所による保護処分を受けて児童自立支援施設（児童福祉法第 44 条による）へ送致されることが多い（本章 4（1）参照）。

2 少年非行の発達段階などに応じた特徴

　児童生徒が非行に及ぶ理由は様々であり、単に罰したり、同じ生活指導を繰り返したりするだけではさらなる非行や再犯を防ぐことができない。児童生徒が非行に及んだ背景要因を解決するためには、発達や関係性などの視点からもその特徴を理解し、児童生徒一人一人に応じた適切な指導・支援を行う必要がある。

　例えば、児童期の非行は、家庭内の居場所の有無による影響を受けやすい。また、感情のコントロールが未熟で思考の歪みや固定化も起こりやすいため、ほんのわずかな被害を敵意と捉え、その相手に反応的攻撃を仕掛けることもしばしばである。また、中高生（特に、中学校3年生から高校2年生）は、検挙・補導人数が他の年齢よりも多く、この時期特有の不安定さ（人間関係の悩みや挫折）が要因となって初発型非行や集団不良行為に及ぶことが多い（表

表 8-2　発達段階ごとの少年非行の特徴

発達段階	少年非行の特徴
乳児期	・保護者による育児放棄等を要因とした愛着の未獲得 　⇒人間関係の基本的不信やその後の人格形成に影響
幼児期	・子どもの注意引き行動と保護者の叱責の繰り返し 　⇒非行と叱責の悪循環の構築 　　⇒不適切な養育と虐待
児童期	・家庭内の居場所が無い 　⇒夜遅くまでの不良交遊（同じ境遇の仲間との不良行為） 　　⇒深夜はいかいに伴う二次被害（見知らぬ他者からの暴行等）
思春期	・第二次成長期における精神的な不安定さと周囲の大人への反発 　⇒初発型非行（万引き、自転車・バイクの窃盗、占有離脱物横領など） 　　⇒非行のエスカレート
青年期	・青年期危機（自我同一性拡散） ・進学や部活動での挫折などによる自尊感情の低下 　⇒不良行為集団（暴走族など）への参加、暴力行為

（文部科学省，2022）

8-2)。また、全ての年齢及び犯罪行為において、男子の方が女子よりも検挙人数が多いことも少年非行の特徴として挙げられる（警察庁生活安全局人身安全・少年課，2023）。最近は、真面目な児童生徒が、突然、重大な非行を引き起こすことも増えてきているという。このような児童生徒は、家庭や学校生活に関するストレスを抱え込んでしまいやすい。それらを解消できぬまま限界に達すると、非行という形で爆発してしまうのである。

　普段からの児童生徒理解はもちろんのこと、これらの視点から児童生徒一人一人の抱えている課題を理解し、その解決を図ることで、より適切な生徒指導が可能となる。その結果、非行の発生や事態の深刻化、再犯の防止につながるのである。

3　少年非行への対応

（1）　少年非行への対応の基本
　学校における非行対応は、児童生徒本人とその保護者への助言が中心となる。『生徒指導提要（改訂版）』（文部科学省，2022）では、その際の対応を、①正確な事実の特定、②児童生徒からの聴き取り、③本人や保護者の言い分の聴き取りと記録、④非行の背景を考えた指導、⑤被害者を念頭においた指導、⑥非行の未然防止教育及び早期発見・早期対応、⑦発達支持的生徒指導（児童生徒との関係性構築）の観点が大事だとし、具体的内容を解説している（表8-3）。

（2）　問題行動等発生時の対応指針
　しかし、これらは、比較的事態が収束している、あるいは問題行動等発生前の状況における対応であり、問題行動発生時には活用しにくい。例えば、器物損壊が起きた場合、それを発見した教師は、まず誰に何を知らせる必要があるのだろうか。このような視点に立った対応指針として代表的なものに、山口県教育委員会が作成した『問題行動等対応マニュアル』(2016)が挙げられ

表 8-3　少年非行への対応の基本項目と具体的内容

基本項目	具体的内容
①正確な事実の特定	・5W1H にそった正確な事実の把握と本人及び保護者の認定
②児童生徒からの聴き取り	・聴取場面の配慮：他者の影響を受けない聴取環境の設定、集団秘密保持 ・オープン質問：児童生徒の自発的な語りの引き出し ・仮説検証の立場：対立仮説も含めた仮設検証の立場からの聴き取り
③本人や関係者の言い分の聴き取りと記録	・本人や関係者の言い分の時系列記録 ・非行事実の有無や指導内容の記録
④非行の背景を考えた指導	・児童生徒の発達上の課題の有無 ・保護者の監護力の低下要因 ⇒SC・SSW や医療・福祉機関との連携
⑤被害者を念頭においた指導	・被害者の思いや願いをくみ取った指導 ・「児童生徒が被害者」≒「いじめ」の可能性あり
⑥非行の未然防止教育及び早期発見・早期対応	・未然防止教育：規範意識の醸成、非行に誘われた際の断り方指導 ・早期発見・対応：非行の意図や発生可能性の早期把握と介入 ・前兆行動の把握
⑦発達支持的生徒指導	・児童生徒と家庭や学校との関係性の構築 ・児童生徒と教職員との信頼関係（視点取得、並走型指導） ・非行児童生徒の打ち込めるもの探し（非行に関わる時間の減少）

る。この指針は、暴力行為やいじめ、少年非行といった児童生徒の問題行動等が発生した時点の①初動対応から、②事実確認、③対応方針協議、④児童生徒・保護者への対応を時系列にそって解説している。また、各事例における未然防止教育や再発防止や関係機関との連携も提案しており、短期・中期・長期的な視点から問題行動等に対応できるマニュアルとなっている。

　未然防止教育という点では、文部科学省と警察庁が取りまとめた『非行防止教室等プログラム事例集』(2005) も活用しやすい。学校と警察が連携して行う「非行防止教室」の様々な実践事例が集約されているため、各学級・ホームルームの実態に応じた未然防止教育を計画するのに役立つだろう。

　これらの指針を教職員間で共有することは、問題行動等への対応そのもの

だけではなく、児童生徒の問題行動等の予防にもつながる。問題行動等は起こさせないという学校の姿勢を学校の内外に示すことで、児童生徒や家庭との信頼関係も保てるのである。

4　少年非行における関係機関等との連携

（1）　少年非行の刑事司法手続きの流れと関係機関等

　少年非行に関する一般的な刑事司法手続きは図 8-2 に示すとおりである。

　触法少年やぐ犯少年、不良行為少年は、まず、警察や少年サポートセンターなどに発見・補導される。その後、児童相談所に通告・送致されるが、触法少年やぐ犯少年であっても、その内容によっては、すぐに家庭裁判所へ送致されることもある。

　犯罪少年は、①警察に検挙され、捜査・調査を受けた後に検察庁へ送致される。その後、②検察庁でも、同様に捜査・調査が行われ、家庭裁判所への送致の是非が判断される。このように、非行の発見から捜査・調査の段階では、警察や少年サポートセンター、児童相談所、検察庁などとの連携が想定される。

　③家庭裁判所では、家庭裁判所調査官による調査結果や、④少年鑑別所の鑑別結果（観護措置による入所を伴う）を基に、まずは審判の開催是非を判断する。⑤審判は非公開で行われ、保護処分となれば、⑥少年院や⑦保護観察所、児童自立支援施設等へ送致される。審判に至る過程では、家庭裁判所から学校へ、非行少年の学校生活における様子などの情報提供を求められる場合もある。

　これらの捜査・調査や審判において、家庭裁判所が刑事処分相当と判断した場合は、非行少年を検察官に⑧逆送する。その後、非行少年は、成人事件と同じように⑨起訴され、⑩地方裁判所などで審理を受ける。その結果、実刑となると、⑪少年刑務所に入所（服役）することになる。少年刑務所は 16 歳以上の少年受刑者を収容する施設であり、矯正教育を主目的とする少年院とは機能が異なる点に注意したい。

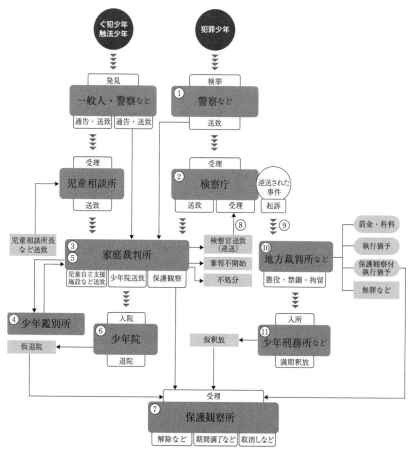

図 8-2　少年非行の刑事司法手続きの流れ
（法務省日本の刑事司法の 50 年を振り返るプロジェクトチーム，2021）

　少年刑務所や少年院を仮釈放・仮退院となったとしても、しばらくの期間
は、保護観察を受ける。保護観察官や保護司などから、遵守事項（非行のない
生活態度の保持や居住地の報告など）の指導監督や補導援護（就労・就学や対
人関係の調整支援など）を受けながら社会復帰を目指していく。

（2）　関係機関等との連携

　未然防止教育として行う非行防止教室や被害防止教室、薬物乱用防止教室では、警察や少年サポートセンターと連携することが多い。より専門的な視点からは、少年鑑別所（法務少年支援センター）や精神保健福祉センターから講師を招き、非行や薬物乱用防止の講演会や研修を実施することも有効である。

　早期発見・早期対応としては、上述の警察や少年サポートセンターと連携した防犯パトロール活動のほか、少年補導センターや少年鑑別所（法務少年支援センター）などと連携した相談活動も効果的である。学校長や警察署長等を構成員とする学校警察連絡協議会も定期的に開催することで、非行の未然防止や早期発見に有効な情報共有も可能となる。これらの活動に、保護者はもちろん、主任児童委員や民生（児童）委員などの地域ボランティアにも協力を仰ぐことで、非行の未然防止や早期発見・早期対応を強化する地域ネットワークの構築も進められる。

　非行少年が家庭裁判所から保護処分を受け、少年院送致となると、少年院では矯正教育が始まる。その日数は、指導要録上出席扱いとすることができるため、退院後の円滑な復学を見据え、少年院とは十分な情報共有を図りたい。また、保護観察期間中は、保護観察所の保護観察官や保護司との連携も重要となる。非行少年の再犯防止や本格的な社会復帰に向けて、生活指導や就学支援に必要な諸条件についてあらかじめ相談することも学校が果たす大きな役割である。

5　喫煙・飲酒・薬物乱用

（1）　喫煙・飲酒・薬物乱用の現状

　民法改正による成年年齢の引き下げには連動せず、20歳未満の者の喫煙・飲酒は引き続き法律で禁止されている。これは、健康被害の防止はもちろんのこと、喫煙や飲酒が次のステップである薬物乱用への入口（ゲートウェイ）となりやすいためである。そのため、喫煙や飲酒は「ゲートウェイ・ドラッグ」

とも呼ばれている。未成年者の喫煙の開始要因には、メディア・広告の影響、入手のしやすさなどの環境的要素や、新奇性を好む性格や不健康な生活習慣といった個人的要素、家族や友人の喫煙行動などの社会的要素等が挙げられる（川端・竹村，2017）。しかし、近年では、販売広告の改善や、学校における啓蒙教育の成果もあり、喫煙や飲酒などの不良行為を理由とした補導数は減少傾向にある（表8-1）。その一方、薬物乱用（特に大麻の所持・使用）による検挙数は増加傾向にあり（図8-3）、社会問題として取り上げられることも増えてきた。もちろん、薬物乱用（処方薬の目的外使用も含む）は、年齢にかかわらず覚醒剤取締法や麻薬及び向精神薬取締法などの法律によって禁止されている。

　しかし、薬物乱用はなかなか後を絶たない。その背景として、近年では、大

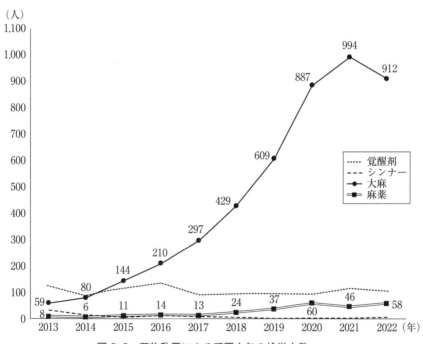

図8-3　薬物乱用による犯罪少年の検挙人数
（警察庁生活安全局人身安全・少年課，2023）

麻の医療目的使用や、嗜好品としての使用を認める国や地域が増えてきたことが挙げられる。また、「合法ドラッグ」と称して、違法薬物に近い効果が得られる脱法（危険）ドラッグが蔓延していることや、ダイエットに効果があるなどの間違った情報理解も影響しているだろう。このような変化が、少年の薬物使用に対する認識を軽微なものにしている恐れがある。いずれにしても、これら薬物の使用が、自身の健康被害だけではなく、家族や友人との人間関係も壊しかねない事態を招くことを児童生徒にも伝えていく必要がある。

（2）　喫煙・飲酒・薬物乱用への対応

　20歳未満の者による喫煙や飲酒の経験は、その後の薬物乱用にもつながりやすいため、学校における未然防止教育や早期発見・早期対応がとても重要になる。未然防止教育は、小学校体育科・中学校保健体育科・高等学校保健体育科を中心に行う。喫煙・飲酒・薬物乱用は、①「健康を損なう原因となること」（文部科学省，2017a）、②「また、これらの行為には、個人の心理状態や人間関係、社会環境が影響することから、それぞれの要因に適切に対処する必要があること」（文部科学省，2017b）が生徒指導上のポイントとされており、中学校及び高等学校では、薬物乱用防止教室を学校保健計画に位置付け、年1回は開催しなければならない。ただし、1回きりの授業や薬物乱用防止教室では教育効果は薄い。特別活動・道徳科・総合的な学習（探究）の時間等、教科横断的な視点でこの問題に向き合う機会を設けることが大切になる。中学生や高校生であれば、どのような法律で禁じられているのかを考えさせてもよいだろう。例えば、学校や病院、児童福祉施設、行政機関の庁舎などの敷地内や、事務所や飲食店などの屋内（喫煙専用室は除く）の喫煙は、健康増進法により原則禁止となっている。また、20歳未満の者の飲酒防止のため、アルコール健康障害対策基本法では、家庭・学校・職場における教育の振興や、不適切な飲酒誘引を防ぐ表示や広告の使用を事業者に求めている。

　早期発見・早期対応にあたっては、各学校において、喫煙・飲酒・薬物乱用への対応方針を策定し、具体的な指導方法を含めて保護者とも共有するとともに、警察や少年サポートセンター、保護者と連携した巡回活動が行われている。

また、薬物乱用は、精神的な不安定さや友人からの誘いがきっかけとなることが多いため、児童生徒の悩みを受け止められる教育相談体制を整えておくことも効果的な早期対応につながるだろう。

喫煙・飲酒・薬物乱用の問題が起きた場合は、警察や少年サポートセンターはもちろん、医療機関との速やかな連携も欠かせない。喫煙・飲酒による補導だけではなく、犯罪組織が絡んだ薬物乱用事件なども想定すると、学校だけで対応するには限界があるためである。また、アルコールや薬物の依存を抱えた児童生徒を指導する場合は、精神保健福祉センターとの連携も必要となる。

喫煙や飲酒、薬物への依存の深さは、頼れる存在の有無によっても大きく変わってくる。そもそも、教師や保護者が児童生徒にとって頼れる存在となっているか否かということも、これらの問題に対応する生徒指導を進めていく上で重要な視点となる。言い換えると、教師が、日頃の接し方や言葉かけによって信頼関係をいかに築くかということにも通ずるといえる。

【引用・参考文献】

法務省日本の刑事司法の50年を振り返るプロジェクトチーム　2021　日本の刑事司法の50年を振り返る

川端智子・竹村淳子　2017　未成年の喫煙要因および喫煙防止要因に関する文献検討小児保健研究　76（4）

警察庁生活安全局人身安全・少年課　2023　令和4年中における少年の補導及び保護の概況

文部科学省・警察庁　2005　非行防止教室等プログラム事例集　https://www.mext.go.jp/a_menu/shotou/seitoshidou/mondai04.htm（閲覧日2023年12月17日）

文部科学省　2017a　小学校学習指導要領

文部科学省　2017b　中学校学習指導要領

文部科学省　2022　生徒指導提要（改訂版）

山口県教育委員会　2016　問題行動等対応マニュアル〜児童生徒・保護者との信頼関係の一層の構築をめざして〜（平成28年3月版）

第9章

児童虐待
·········

　以前に比べて「児童虐待」という言葉に対する世間一般の認知度は高まっているものの、虐待によって生じる子どもへの負の影響に対する理解はまだまだ不十分である。虐待を受けた子どもがその後の人生において多大な不利益を被る可能性が高いことから、その子どもの心身ともに健康な状態で成長できるよう支援を継続することはとても重要である。そこで、本章では虐待についての定義や予防、早期発見・早期対応、そして学校と外部機関との連携について解説する。

1　児童虐待の定義と学校の役割

　児童虐待の定義は、虐待件数の急増という現実を踏まえて、2000（平成12）年に「児童虐待の防止法等に関する法律」（以下、児童虐待防止法）で定められ、大きく分けて4つに分類されている（文部科学省，2022a；Karolina, et. al., 2023）。これらは、単独で現れるだけでなく、重複して現れることもある。

1）　身体的虐待
　「児童の身体に外傷が生じ、又は生じるおそれのある暴行を加えること」と規定され、具体的には暴力等により身体に傷を負わせたり、生命に危険を及ぼしたりするような行為をいう。例えば、段る、蹴る、熱湯をかける、戸外にしめだす等の行為がある。

2) 性的虐待

「児童にわいせつな行為をすること又は児童をしてわいせつな行為をさせること」と規定され、子どもを児童ポルノの被写体にする、子どもへの性交・性的暴行、性的行為の強要・示唆なども含まれる。

3) ネグレクト（養育の放棄・怠慢）

「児童の心身の正常な発達を妨げるような著しい減食又は長時間の放置、保護者以外の同居人による前二号又は次号に掲げる行為と同様の行為の放置その他の保護者としての監護を著しく怠ること」と規定され、保護の怠慢、拒否、放置により、子どもの健康状態や安全を損なう行為をいう。例えば、きょうだいなど同居人が行う暴力などの虐待行為を保護者が止めない、自宅に子どもだけを残して長期にわたって外出をする、車中に放置するなどが該当する。なお、前二号は身体的虐待・性的虐待、次号は心理的虐待をいう。

4) 心理（精神）的虐待

「児童に対する著しい暴言又は著しく拒絶的な対応、児童が同居する家庭における配偶者に対する暴力その他の児童に著しい心理的外傷を与える言動を行うこと」と規定され、子どもへの拒否的な態度や暴言だけでなく、家庭における配偶者間の暴力、つまり DV（Domestic Violence）がある場合などが例示されており、子どもの心の傷になり得るものが広く含まれる。

図 9-1 に、性的・身体的・心理的虐待を受けた子どもの脳発達への影響について調査された研究データをまとめたものを示す。

児童虐待防止法では、主に以下5点を学校の役割として挙げており、学校としての虐待への明確な対応の指針を提示している。

① 虐待を受けたと思われる子どもについて、市町村（虐待対応担当課）や児童相談所等へ通告すること（義務）

② 虐待の早期発見に努めること（努力義務）

③ 虐待の予防・防止や虐待を受けた子どもの保護・自立支援に関し、関係機関への協力を行うこと（努力義務）

④ 虐待防止のための子ども及び保護者への啓発に努めること（努力義務）

⑤ 児童相談所や市町村（虐待対応担当課）などから虐待に係る子どもまた

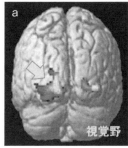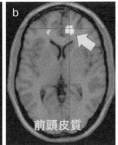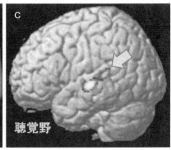

図 9-1　児童虐待経験者の脳皮質容積変化

a：小児期に性的虐待を受けた若年成人女性群の脳の MRI 像。視覚野（視覚に関連）の容積が減少していた。

b：小児期に過度の体罰を受けた若年成人群の脳の MRI 像。右前頭前野（感情や理性に関連）などの容積の減少があった。

c：小児期に親から日常的に暴言や悪態を受けてきた若年成人群の脳の MRI 像。上側頭回灰白質を含めた聴覚野（聴覚に関連）の容積が増加し、発達に異常がみられた。

（友田，2020）

は保護者その他の関係者に関する資料または情報の提供を求められた場合、必要な範囲で提供することができること（努力義務）

　2020（令和2）年度には児童相談所の児童虐待相談対応件数が20万件を超える（こども家庭庁，2023）など、依然として虐待の深刻化が報告されている。学校及び教職員は、①子どもの様子から虐待の問題に気付きやすい立場にあることから求められる役割と、②虐待的な家庭状況に置かれている子どもへの教育的援助という観点から求められる役割という大きな2つの役割を担い、非常に重要な存在であることを認識する必要がある。

　虐待に関する法律については児童虐待防止法のほかに「児童福祉法」があり、上記の深刻な虐待の状況から改正が必要となり、児童虐待防止・対応の強化を目指して「児童福祉法等の一部を改正する法律」（以下、改正児童福祉法）が2022（令和4）年6月8日に成立した（2024（令和6）年4月施行）。この法律では、より包括的な子育て支援強化や虐待防止・児童相談所の体制強化、そして必要に応じて18歳以上22歳までを対象とした自立支援を推し進めるという特徴があり（従来の児童福祉法では18歳未満が対象であった）、また

現時点において保育士を対象に、海外で制度化されている DBS（Disclosure and Barring Service：前歴開示および前歴者就業制限制度）の考え方に基づいた対応も定められている（厚生労働省，2022）。なお、こども家庭庁では、「こども関連業務従事者の性犯罪歴等確認の仕組みに関する有識者会議」（第5回会議 2023（令和5）年9月5日開催）において、「日本版 DBS」導入の検討が進められている。

　このように、学校及び教職員は今まで以上に虐待に対する精度の高い情報の理解に努めるとともに、適切かつ具体的な対応方法を会得する努力が求められる。

2　児童虐待に対する学校の体制と未然防止

（1）児童虐待の未然防止の意義

　前節においては、児童虐待の定義・子どもの脳発達への負の影響について解説したが、児童虐待は「子ども－親（保護者）」間の深刻なトラブルを背景としている場合が多く、その結果として該当児童生徒に大きなダメージが残り、成人以降もその負の影響が継続することが問題とされている（北村，2021）。心理的虐待の場合、睡眠障害、過度の不安、うつ、ひきこもりといった子どもの内面や行動面における問題が報告されている（Ney, 1987 ; Ney, et. al., 1994）。また、少年院や児童自立支援施設に入所する子どもを対象とした調査では、多くの子どもが児童虐待を受けた過去を持つことが明らかになっている（文部科学省，2022a）。成人以降における精神的・身体的健康問題の発生や犯罪のリスクが高い傾向にあることも報告されている。

　これらのことから、虐待が子ども本人に長期間にわたり悪影響を及ぼす可能性が決して低くないことを前提に、学校として、虐待を受けた子どもの今後における負のリスクを想定した論拠に基づいた支援を検討、実践していくことが求められる。

　そして、児童虐待への対応は、将来的に予測される虐待の負の連鎖（虐待を

受けた子ども自身が成人となってから虐待の加害者側に回ってしまうこと）の可能性に対して、事前に防ぐ支援を行うことともいえる。

（2）子どもとの関わり

　教職員は職務上、学校現場における虐待防止に関する研修教材 や SC・SSW が提供する資料もしくは研修等により（文部科学省，2020a）、虐待に関する精度の高い情報と虐待に対する適切な対応方法（実践スキル含む）の両方を獲得する必要がある（文部科学省，2022a；犬塚，2016）。学校現場において、虐待についての正確な理解と対応が求められることからも、特に公認心理師や臨床心理士等の資格を保有している SC に対して、積極的に学校側へ情報を提供してもらうよう、双方のいっそうの連携・協働が重視される。

　学校組織としては、子どもに対する虐待が疑われる状況に遭遇したときに、児童相談所等の機関に通告する義務がある。そのため校長をはじめとした管理職を中心に、虐待に精通した教職員による校内虐待対応チームを構築しておく必要がある。前述した学校内における虐待研修等も、管理職が率先して研修内容の検討に関わるシステムの充実化を図ることが学校マネジメントの一つとして重要である。

　そのほかに、①学校内における比較的客観性に基づいたスクリーニング、②対象児童生徒への全面的な支援、③保護者へのサポートを含む丁寧な対応（友田・藤澤，2018）、④対象となる児童が在宅しているケースでは要保護児童対策地域協議会（以下、要対協）なども活用した関係諸機関との連携の徹底、⑤SC や SSW の心理分野の専門性知見を十分組み込んだケース会議を実施できるように、本当の意味でのチーム学校体制を確立する必要がある。その中の一つとして、SC や SSW と連携して全ての児童生徒を対象に、虐待についての予防を重視した系統的な教育プログラムを実施することも、未然防止として非常に有効である（東京都教育委員会，2022）。

　なお、児童虐待は、虐待の事実に関する証拠や経過データが重要であり、当該家庭状況等に関する個人情報の漏洩を防止する必要があることから、データ等の保管管理システムを明確にしておくことが重要になる。

（3） 大人（保護者など）との関わり

　子どもと関わる保護者をはじめとした大人への虐待に関する啓蒙活動（正確な情報提供等）も教員の重要な業務の一つである。幼少期における体罰・不適切な子育て（マルトリートメント）によって、複数の脳部位の定型発達が妨げられることが研究知見として報告され、その知見も踏まえて2020年に施行された児童虐待防止法の改正により、親権者等による体罰禁止が法定化された。児童虐待防止法第14条では、次の2つの内容が規定されており、子どもへの暴力も犯罪として認定されることが明記されている。

　　①　児童の親権を行う者は、児童のしつけに際して、体罰を加えることその他監護及び教育に必要な範囲を超える行為により当該児童を懲戒してはならず、当該児童の親権の適切な行使に配慮しなければならない。

　　②　児童の親権を行う者は、児童虐待に係る暴行罪、傷害罪その他の犯罪について、親権者であることを理由として、その責任を免れることはできない。

　さらに、児童福祉法第33条の2の第2項及び第47条3項でも、それぞれの対象者について体罰の禁止が定められている。

　このように、保護者をはじめとした子どもに関わる大人の言動への法的な決まりが明確化され、また虐待に関する研究知見の蓄積と法律の改正が進んでいることからも、学校内外における虐待防止を重視した学校体制の確立は現代社会において必須であるといえる。

　なお、子どもの様子・保護者の様子・家族や家庭の状況に関する51項目の虐待リスクのチェックリストを用いた丁寧なアセスメントが、未然防止の一助として十分期待できる（文部科学省，2020b；矢崎，2020）。

3　児童虐待の発見と通告

（1）　虐待の発見と通告

　児童虐待については、児童相談所は 1990（平成 2）年度から統計を取り公表しているが、虐待そのものについては半世紀以上前から問題として取り上げられてはいた（北村，2021）。しかし虐待に対する具体的かつ効果的な対応行動や、システムを含めた法の整備は改善を進めつつもまだ不十分なまま現在に至っており、日々子どもと関わる機会のある学校及び教職員の役割（虐待を受けた子どもの特徴を正確に把握することによる早期発見及びその後の迅速な対応へのつながり）は非常に大きい。厚生労働省の「子ども虐待対応の手引き（第 1 章）」（2007）では、虐待を受けた児童生徒の特徴として、①身体的影響（打撲、熱傷、体重増加不良　他）、②知的発達面への影響（落ち着いて学習に取り組めない　他）、③心理的影響（他人への信頼感が低い、自己評価が低い、攻撃的、衝動的、年齢不相応に大人びた行動　他）の 3 点を指摘している。これらはいじめ加害・薬物依存・自殺企図などの生徒指導上における諸課題の背景要因の一つとして把握しておくことが重要な内容である。

　児童虐待防止法第 6 条第 1 項では、虐待を受けたと思われる児童についてはすぐに通告を行う義務を定めており、児童相談所や市町村福祉領域との連携のためにも必須の行動とされる。なお、通告したことが対象の子どもの保護者に報告されることはない。したがって、次の①〜④の子どもの状態については迅速な通告が求められる。

①　明らかな外傷（打撲傷、あざ（内出血）、骨折、刺傷、やけどなど）がある
②　生命、身体の安全に関わるネグレクトが疑われる（栄養失調、医療放棄など）
③　性的虐待が疑われる
④　子ども自身が保護・救済を求めている

（2）通告に伴う配慮

　学校関係者は、虐待について子どもや関係者に聴取することは避け（子ども
への悪影響の懸念・法的なリスク回避のため。聴き取りは学校外の専門家が対
応する）、教育委員会への報告や、通告内容の裏付けとなるローデータ整理を
行うことになる[*1]。

　そして、文部科学省では「児童虐待への対応のポイント～見守り・気づき・
つなぐために～（令和5年10月改訂版）」(2023) を配信している。この中で
は、児童虐待への対応について、虐待かと思ったらためらわずに相談・通告し
（通話料無料189：イチハヤク）、分かる範囲で①子ども・保護者の氏名・年齢
など、②外傷や症状（誰から、いつから、どのように）、外傷・症状に関する
子ども本人の説明（あれば）、③家庭の状況（家族関係、きょうだいや家族に
ついての情報）といった情報を伝えるよう示されている。なお、通告・相談は
匿名で行うことが可能で、その内容に関する秘密は守られることも明示されて
いる。

4　関係機関等との連携

　虐待において、関係機関との円滑な連携の前提として、校内のチーム体制
の確立が必須である。学校を取り巻く社会の中で、①虐待対象の児童生徒、②
虐待をしている（可能性のある）保護者、の両者に対して、教職員は最も関わ
る機会の多い成人の一人と位置付けられる。

　そのため、学校内における虐待対応（児童生徒の観察やサポート、変化する
状況の正確な把握、保護者への対応等）を円滑に遂行するための学校体制はき
わめて重要であり、虐待予防を含めた効果的かつ具体的な対応のために、関係
諸機関との連携・協働は必要不可欠である（図9-2）。

[*1]　虐待の証拠と思われる傷等の画像、子どもの発言をそのまま記録したものなど。

教育委員会等　　　市町村福祉部局　　　児童相談所

校長等管理職
【通常時】
・虐待対応の明確な役割分担と校内分掌の整備
・自ら研修の受講、全教職員を対象とした校内研修等の実施
・関係機関との連携の強化
【通告時、通告後】
・当該幼児児童生徒、保護者、関係機関、他児童生徒等の対応に係る方針の統一
・関係機関との連携
・要保護児童対策地域協議会への参画

学級・ホームルーム担任
【通常時】
・日常的な子供、保護者の観察・把握
・相談窓口の案内、周知

【通告時、通告後】
・対応状況の記録の保存
・当該幼児児童生徒及び同学級他幼児児童生徒の安定を図る働きかけ

養護教諭
【通常時】
・健康相談、健康診断、救急処置等における早期発見

【通告時、通告後】
・関係機関との連携（定期的な情報共有）
・幼児児童生徒の心のケア

スクールソーシャルワーカー
【通常時】
・校内体制整備状況への助言
・関係機関との連携体制について助言

【通告時、通告後】
・保護者との調整
・関係機関との連携

生徒指導主事
【通常時】
・虐待に関する校内研修等の実施
・学級・ホームルーム担任等からの情報の収集・集約

【通告時、通告後】
・関係機関との連携（特に警察）

スクールカウンセラー
【通常時】
・教育相談

【通告時、通告後】
・幼児児童生徒の心のケア
・カウンセリング

学校医、学校歯科医
【通常時】
・健康診断等における早期発見、早期対応
・専門的な立場からの指導助言

【通告時、通告後】
・学校・関係機関との連携

チームとしての対応

学校事務

図 9-2　児童虐待への対応における役割
（文部科学省，2022b）

（1）　関係機関・保護者への情報提供

　学校関係者は児童虐待の防止・保護・自立支援において守秘義務の懸念に関係なく、国及び地方公共団体の施策に協力する義務がある（児童虐待防止法第5条）。また関係機関に対しては、対象の児童生徒の出欠状況や欠席理由等を、学校から市町村または児童相談所へ定期的に情報提供を行う必要がある[2]（月1回ペースで）（文部科学省，2019a）。

　さらに、①児童相談所や市町村（虐待対応担当課）に虐待に係る通告や相談等を行うこと、②市町村や児童相談所から幼児児童生徒や保護者に関する情報・資料提供依頼に対応することは、守秘義務違反や個人情報保護条例等の違反に当たらないとされる（児童虐待防止法第6条第3項、同 第13条の4）。

　一方、保護者から虐待に関する情報開示請求に対しては、①保護者に伝えない、②児童相談所等と連携して対応する、とされている（文部科学省，2019b）。なお、学校で作成・取得した虐待に関する個人の記録について保護者が情報開示請求をした場合は、個人情報の保護に関する法令が判断基準となり、子どもの生命に支障が生ずる恐れなどがある場合は不開示の手続きを取ることや、弁護士等との相談協議が必要となる。

（2）　子育て世帯への包括的支援

　子どもと親をサポートする行政システムの周知・利用促進のための啓蒙活動とともに、学校と児童相談所の連携強化が「虐待を含む子育てトラブルへの対応として」重要である。また、心理専門家による心理面へのケア・教育的サポートも必要とされる。例えば、家庭・学校・地域における子どもの行動や情緒的な問題の予防や、子どもの可能性を発揮できる環境をつくり出す働きかけを行う「前向き子育てプログラム」（NPO法人トリプルPジャパン）など、様々な治療的・教育的ケアについて実践・効果検証の両方が報告されており、今後、学校と心理専門家の連携促進が期待される。

---

[2]　新たな児童虐待の兆候等の把握、休業日を除き引き続き7日以上欠席した場合には、速やかに市町村または児童相談所に情報提供する。

【引用・参考文献】

犬塚峰子　2016　子ども虐待における家族支援 ― 治療的・教育的ケアを中心として ― 児童青年精神医学とその近接領域　57（5）

Karolina Wuebken et al. 2023 The mediating role of attachment and anger: exploring the impact of maternal early-life maltreatment on child abuse potential. *Frontiers in psychiatry*. 2023;14;1267038.

北村由美　2021　日本における子ども虐待の現状と課題　関西大学臨床心理専門職大学院紀要　11

こども家庭庁　2023　令和 4 年度　児童相談所における児童虐待相談対応件数

こども家庭庁　2023　こども関連業務従事者の性犯罪歴等確認の仕組みに関する有識者会議　https://www.cfa.go.jp/councils/kodomokanren-jujisha/（閲覧日 2023 年 11 月 13 日）

厚生労働省　2007　子ども虐待対応の手引き　第 1 章　子ども虐待の援助に関する基本事項　https://www.mhlw.go.jp/bunya/kodomo/dv12/01.html（閲覧日 2023 年 11 月 13 日）

厚生労働省　2022　令和 4 年 6 月に成立した改正児童福祉法について　https://www.mhlw.go.jp/stf/seisakunitsuite/bunya/kodomo/kodomo_ kosodate /jidouhukushihou_kaisei.html（閲覧日 2023 年 11 月 13 日）

文部科学省　2019a　学校、保育所、認定こども園及び認可外保育施設等から市町村又は児童相談所への定期的な情報提供について　https://www. mext.go. jp/a_menu/shotou/seitoshidou/1410619.htm（閲覧日 2023 年 11 月 1 日）

文部科学省　2019b　児童虐待防止対策に係る学校等及びその設置者と市町村・児童相談所との連携の強化について　https://www.mext.go.jp/a_menu/shotou/seitoshidou/1414499.htm（閲覧日 2023 年 11 月 10 日）

文部科学省　2020a　学校現場における虐待防止に関する研修教材　https://www.mext.go.jp/a_menu/shotou/seitoshidou/__icsFiles/afieldfile/2020/01/28/20200128_mxt_kouhou02_01.pdf（閲覧日 2023 年 11 月 1 日）

文部科学省　2020b　学校・教育委員会等向け虐待対応の手引き（令和 2 年 6 月改訂版）　https://www.mext.go.jp/content/20200629-mxt_jidou02-100002838.pdf（閲覧日 2023 年 11 月 10 日）

文部科学省　2022a　生徒指導提要（改訂版）　https://www.mext.go.jp/content/20230220-mxt_jidou01-000024699-201-1.pdf（閲覧日 2023 年 11 月 14 日）

文部科学省　2022b　学校・教育委員会等向け 虐待対応の手引き（令和 2 年 6 月改訂版）　https://www.mext.go.jp/content/20200629-mxt_jidou02-100002838.pdf（閲覧日 2023 年 11 月 13 日）

文部科学省 2023 児童虐待への対応のポイント〜見守り・気づき・つなぐために〜（令和5年10月改訂版） https://www.mext.go.jp/content/20210326-mxt_chisui02-000 045303_1.pdf（閲覧日 2023年11月10日）

Ney P. G. 1987 Does verbal abuse leave deeper scars: a study of children and parents. *The Canadian Journal of Psychiatry*, 32（5）

Ney P. G. et al., 1994 The worst combinations of child abuse and neglect. *Child Abuse & Neglect*, 18（9）

NPO法人トリプルPジャパン 前向き子育てプログラム http://www.triplep-japan.org/（閲覧日 2023年11月1日）

東京都教育委員会 2022 生徒指導提要（令和4年12月）のポイント（基礎編）https://www.kyoiku.metro.tokyo.lg.jp/school/content/files/leaflet_seitoshidouteiyou/point_kiso.pdf（閲覧日 2023年11月10日）

友田明美・藤澤玲子 2018 虐待が脳を変える 脳科学者からのメッセージ 新曜社

友田明美 2020 不適切な養育環境における脳科学研究、日本ペインクリニック学会誌、27（1）

矢崎良明編 2020 A4・1枚 学校危機管理研修シート123 教育開発研究所

第10章

自　殺
·········

1　自殺予防のための学校組織と体制

　国内の年間自殺者数は 1998（平成 10）年に 3 万人を超えてから高止まりが続き、社会全体で自殺予防とのスタンスから 2006（平成 18）年に「自殺対策基本法」が成立し、2009（平成 21）年より全体の自殺者数が減少傾向となった（2016（平成 28）年に改正）。その一方で、小学生から高校生の自殺は増加傾向にあり、2017（平成 29）年に「自殺総合対策大綱」が改正され、SOS の出し方に関する教育などの実施を学校現場に要請していたが、2022（令和 4）年度はついに 500 人を超えるまでに至った（こども家庭庁，2023；太刀川，2022）。先進 7 カ国の中において、日本だけが 10 代の死因が第 1 位となっている。

　そのため、今後の学校現場においては、自殺に関する教員の理解度を向上させつつ、よりいっそう自殺未然防止の具体的活動として、特定の子どもだけではなく全員に対する予防教育の実施が求められる。ここで重要な点は自殺予防教育の円滑な実践のためには、校長を中心とした校内連携型危機対応チーム（教育相談コーディネーターと養護教諭が中核）の構成メンバー全員が、自殺に関わる事象のステージ（図 10-1）をよく理解していることである。

　図 10-1 の「自傷」「希死念慮」は、自殺やその他の重大な危険行為の予兆段階と考えられ、校内連携型危機対応チームの下で状況に応じたリスクマネジメントがなされる。繊細な対応が必要であることから緊密な報告・連絡・相談が必須となるが、まずは危機対応体制の構築・マニュアルを作成しておく必要がある。また、実際に自殺・自殺未遂が生じた場合、校内連携型危機対応チー

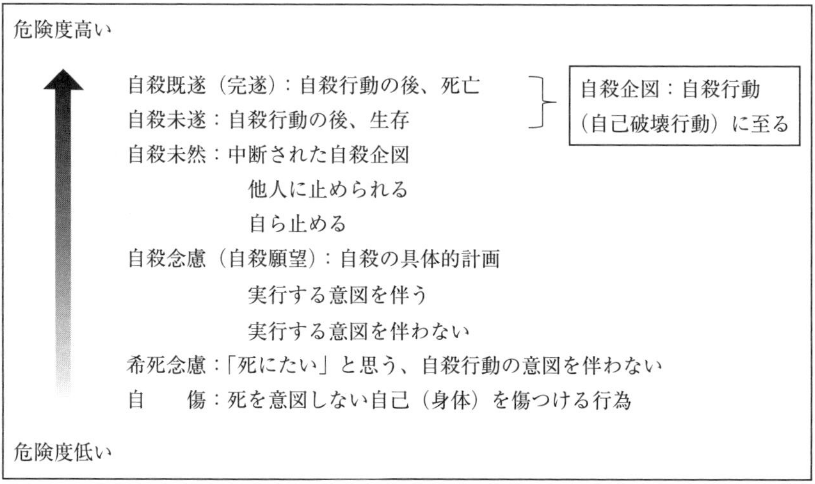

危険度高い

自殺既遂（完遂）：自殺行動の後、死亡
自殺未遂：自殺行動の後、生存

　　　　　　　　　　　　　　　　　　自殺企図：自殺行動
　　　　　　　　　　　　　　　　　　（自己破壊行動）に至る

自殺未然：中断された自殺企図
　　　　　他人に止められる
　　　　　自ら止める
自殺念慮（自殺願望）：自殺の具体的計画
　　　　　実行する意図を伴う
　　　　　実行する意図を伴わない
希死念慮：「死にたい」と思う、自殺行動の意図を伴わない
自　　傷：死を意図しない自己（身体）を傷つける行為

危険度低い

図 10-1　自殺関連事象の段階
（衛藤・川嵜，2017）

ムと外部機関・教育委員会との連携による迅速な対応が求められる（ネット
ワーク型緊急支援チームの立ち上げ）。

2　自殺予防の段階・原因・動機

　自殺予防は、「予防活動」「危機介入」「事後対応」の 3 段階の取組が相互に
連動して構成される（表 10-1）。危機介入では、自殺の危険度の高い子どもの
スクリーニング・アセスメント、自殺企図への対応や心のサポートが行われる。
スクリーニング・アセスメントについては、RAMPS（Risk Assessment of
Mental and Physical Status：自殺リスク評価ツール、精神不調アセスメント
ツール）を用いた学校現場における実践例が紹介されている（北川，2023）。
項目内容として、「今、どれくらいつらいですか（0-100 の範囲で回答）」「こ
の 2 〜 3 カ月でいじめられたことはありますか」「困ったときや辛いときに、
相談できる人は何人いますか」などがあり、学校現場において（項目内容によっ

表10-1 学校における自殺予防の3段階

段階	内容	対象者	学校の対応 校内研修会等の実施	具体的な取組例
予防活動（プリベンション）	各教職員研修	全ての教職員		教職員向けゲートキーパー研修 ・自殺予防教育 ・生と死の教育 ・ストレスマネジメント教育 ・教育相談週間 ・アンケート
	自殺予防教育及び児童生徒の心の安定	全ての児童生徒	授業の実施（SOSの出し方に関する教育を含む自殺予防教育、及び自殺予防につながる教科等での学習）、日常的教育相談活動	
	保護者への普及啓発	全ての保護者	研修会等の実施	保護者向けゲートキーパー研修
危機介入（インターベンション）	自殺の危機の早期発見とリスクの軽減	自殺の危機が高いと考えられる児童生徒	校内連携型危機対応チーム（必要に応じて教育委員会等への支援要請）	・緊急ケース会議（アセスメントと対応） ・本人の安全確保と心のケア
	自殺未遂後の対応	自殺未遂者と影響を受ける児童生徒	校内連携型危機対応チーム（教育委員会等への支援要請は必須、若しくは状況に応じて（校内で発生、目撃者多数などの場合）ネットワーク型緊急支援チーム	・緊急ケース会議 ・心のケア会議 ・本人及び周囲の児童生徒への心のケア
事後対応（ポストベンション）	自殺発生後の危機対応・危機管理と遺された周囲の者への心のケア会議	遺族と影響を受ける児童生徒・教職員	ネットワーク型緊急支援チーム、教育委員会等、関係機関の連携・協働による危機管理態勢の構築	・ネットワーク型緊急支援会議 ・心のケア会議 ・遺族、周囲の児童生徒、教職員への心のケア ・保護者会

（文部科学省, 2022）

ては家庭においても）比較的スムーズに子どもの自殺リスクに関する情報を得ることが可能で、教員と保護者の情報共有などの連携促進が期待できる。なお、事後対応では、学校危機への対応、周囲への心のケア（自殺連鎖防止）が行われる。

　自殺の危険因子としては、女性・孤立・学校不適応・いじめ・自傷歴・メディアや SNS の影響などが挙げられ、一方で自殺の保護因子として、家族の凝集性、学校での良好な体験が挙げられている（太刀川, 2022）。児童の生徒の自殺の約半数は原因・動機が不特定とされているが、以下の傾向が報告されている。

① 小学生：家庭問題（男子：しつけ・叱責、女子：親子関係の不和）、他
② 中学生：家庭問題＋学校問題（学業不振・学友との不和等）、他
③ 高校生：学校問題（進路に関する悩み・学業不振）、他[1]

3　自殺予防に関する重層的支援

（1）発達支持的生徒指導

　図 10-2 は自殺予防に関する重層的支援構造である。まず支援構造の土台である、発達支持的生徒指導から解説をする。

　自殺のリスクが高い心理的危機のとき、孤立した状況・ネガティブな状況が永続するという思い込み（絶望感）・心理的な視野の狭小化・自己の価値否定（周囲に迷惑をかけているという思いも含む）といった心理状態と推測されている（国立精神・神経医療研究センター精神研究所自殺予防総合対策センター, 2015；文部科学省, 2009a；Joiner, 2005；Van, et.al., 2010）。このような心理的危機の回避・脱出を目的とした発達支持的生徒指導として、①心理的状態のときに自分から相談することができる、②視野の広がり・不合理な信念の修正、③自己の肯定、④感情コントロールの向上などをサポートする日常的

＊1　女子においては、健康問題（うつ病や統合失調症などの精神疾患）も挙げられている。

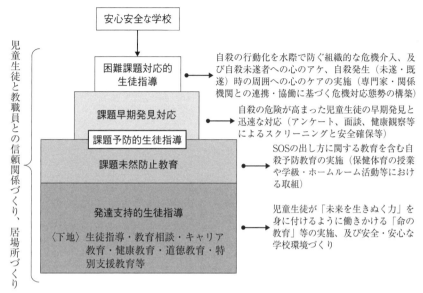

図10-2　自殺予防に関する生徒指導の重層的支援構造
（文部科学省（2022）に筆者加筆）

な関わりが挙げられる（啓蒙活動・スキルトレーニング　他）。なお、文部科学省の「子供に伝えたい自殺予防」（文部科学省, 2014）においては、特に①と②を自殺予防教育で重視している。自殺の未然防止教育（発達支持的生徒指導の上の段階）では、この2つにフォーカスした授業（核となる授業）を実施する。この授業を効果的に実施するためにも、発達支持的生徒指導の一環である、「生命」や「心の健康」などに関する授業内外の学習（例えば、理科の授業、SCによる心理トレーニングなど）を学校全体で意識的に進めておくことが重要である。同時に、子どもが相談できる人間関係の形成や安心できる居場所の設定など、心理的安全性が保障された学校環境整備も重要となる。

（2）　課題未然防止教育

　発達支持的・課題予防的（課題未然防止教育の領域）の2つの生徒指導における学習構造の概念図を図10-3に示す。構造として下から、①安心安全な

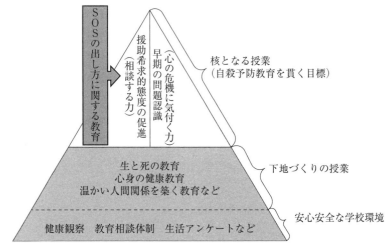

図10-3 SOSの出し方に関する教育を含む自殺予防教育の構造
（文部科学省，2022）

学校環境の設定、②小学校から下地づくりの授業（生と死の教育 他）、③中学校・高等学校において核となる授業を実施、の3層からなる。

「子供に伝えたい自殺予防」（文部科学省，2014）の核となる授業の具体的な学習内容は、①チェックリスト等を用いた心の状態への気付き（希死念慮・自殺企図含む）、②危機への対処法の検討、③対処法の一つとしての相談行動の確認、④友人の危機への気付きと対処方法（ゲートキーパー的役割を含む）、⑤相談窓口の紹介、などである（一般社団法人 日本臨床心理士会，2023）。

各教科等の特徴に基づいた核となる授業実施の具体的な例として、「心の危機理解」をテーマとした場合、①高等学校保健体育科の「精神疾患の予防と回復」、②中学校保健体育科「欲求やストレスへの対処と心の健康」、③小学校体育科保健領域の「心の健康」、あるいは総合的な学習（探究）の時間が挙げられる（文部科学省，2022）。実施においては、保健体育科の教員やクラス担任・養護教諭・SCやSSW協働の準備運営が効果的とされている。

特に、各学校が「SOSの出し方に関する教育を含む自殺予防教育（援助希求的態度）」を核となる授業等を通して積極的に推進することが期待される。

SC や地域医療機関の保健師・社会福祉士等による自殺予防の特別授業やグループワークが、学校における自殺予防教育の一例として挙げられる。授業実施前の準備として、保護者への事前説明や地域の警察・消防職員などの地域の人々を対象としたゲートキーパー研修、民生・児童委員や町内会の方への自殺予防に関する啓発活動の推進、緊急時対応のための医療機関との情報共有を含めた連携といった、自殺予防教育に対する共通理解ならびに合意形成を進めることが必要となる。

　また、心の危機を直接扱うテーマの授業においては、次の 3 点が求められる。

①　事前に生育歴も含めて児童生徒の状況を把握

②　リスクの高い児童生徒は無理に授業に参加させない

③　子どもが心の危機を訴えたときに、担任・養護教諭・SC や SSW・管理職などが組織として対応できる準備をしておく（医療機関との連携も必須）

（3）　自殺リスクの高い子どもの早期発見・早期対応

　自殺直前のサインの例として、自殺に関する言動のみならず、身だしなみを気にしなくなる、不眠・体重減少等の身体的不調、注意散漫、情緒不安定、ひきこもり傾向など一見特異的ではない行動が挙げられる。未然防止のスタンスとして、取り越し苦労に終わっても構わないので、何らかの違和感を覚えたらすぐに対応行動を取ることを徹底することが肝要である。

　その子どもの発達が早ければ児童期後期から、一般には思春期・青年期において、自分の悩み・不安などを他者に話せない状態になる傾向もあることから、保護者及び学校関係者など周囲の人による積極的な関わりも重要となってくる。そのため、「TALK の原則」を参照したい。

　実際の対応において最も重要な行動は、①丁寧に聴くこと（受容と共感）と、②安直なアドバイスや励ましの言葉をかけないことである。自身の価値観との整合性をみるのではなく、一人の人として対等に接する姿勢を徹底する必要がある。また、①子どもの表現が（大人からみて）問題と思われる行動の形となっている場合があることの理解、②教員同士・多職種で相談し合える雰囲

気の形成という2点も重要である。

「TALK の原則」

Tell：心配していることを言葉に出して伝える。

Ask：「死にたい」と思うほどつらい気持ちの背景にあるものについて
　　　尋ねる。

Listen：絶望的な気持ちを傾聴する。

　　　　＊話をそらさない。叱責や助言などをしない。

Keep safe：安全を確保する。一人で抱え込まず、連携して適切な援助
　　　　　　を行う。

（4）　自殺行動が生じた場合の困難課題対応的生徒指導

　自殺予防をしていても自殺未遂が校内で発生した場合は、①当該児童生徒の状態確認、②救命措置及び安全確保を最優先で行う。また、③保護者へ迅速な連絡をし、管理職が中心となって、④教育委員会への連絡、⑤校内連携型危機対応チーム・学校外の専門家も加えたネットワーク型緊急支援チームを立ち上げ、周囲の人に及ぼす影響（例：自殺の連鎖）を可能な限り少なくするために適切なポストベンション（事後対応）が求められる。

　実際の対応にあたっては、「TALK の原則」に基づいた子ども・保護者対応で心理的なサポートを徹底することになる（文部科学省，2009b）。事案発生の第一報を受けた後は、まず教職員が①自殺を美化することや貶めるようなことがないよう留意しながら外部機関に支援を要請し、②遺族と関わるとき（情報収集含む）には誠実な対応に努め、③3日以内に教職員からの聴き取りを実施する（都合の悪い事実を隠蔽しない）。④迅速に校内外のネットワーク型緊急支援チームを立ち上げ、⑤遺族や子ども・教職員の心のケアの徹底とSC 等の専門家の十分なサポート、⑥背景調査を含む情報収集・整理を継続しつつ、保護者等に対して正確で一貫した情報発信の徹底、また、⑦通常教育活動再開の準備に努める必要がある（図10-4）。

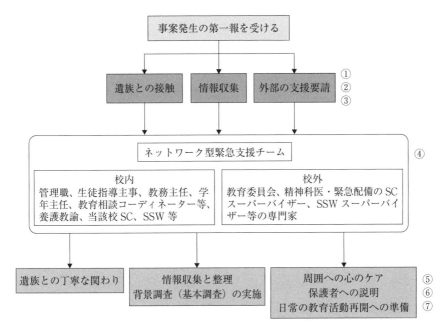

図10-4　事後対応の流れ
（文部科学省，2022）
注）①〜⑦は筆者による。

　自傷行為に対する初期段階対応は、まず身体的ケア（救急性、自殺企図判断）・共感と受容の姿勢による傾聴を通して行動背景をアセスメントし、その後の緊急ケース会議等での判断によっては、校内連携型支援チームと保護者、さらには医療機関等との連携対応など組織的な活動が求められる。ここで留意したい点は、自殺リスクの高低にかかわらず、自傷に至った事実やつらさについて児童生徒の話を丁寧に聴くことである。

　いじめの被害・家庭環境などの要因から生じる自傷行為は、「内在化型」の攻撃性表出に分類され（松本・今村，2009）、怒りの制御を目的とした対処行動とも考えられている（非自殺性自傷）（Favazza, 1995）。自傷行為の繰り返しは自傷の意図を高め（自殺の危険因子、すなわち自殺企図）（松本・今村，2006）、中長期的な自殺リスクとの関連性も指摘されている（例えば、10年後の死亡リスクが顕著に高まる）こともおさえておきたい。

4　関連機関との連携・協働

　子どもたちの悩みの多様化に対応してそれぞれの問題の深刻化を未然に防ぐためには、従来の相談形態に加えて新たな相談対応策を講じる必要性が生じており、SNS や ICT は相談対応の新たな一形態として効果的な活用が期待される。ICT の活用例として、タブレット端末に心身不調に関する質問と、子どもの回答をまとめてリスクを評価するシステムを搭載した RAMPS が挙げられる（北川・佐々木，2021）。

（1）　保護者との連携

　子どもの自殺の危険性が高まっているとき、その保護者との連携は必要不可欠である。しかし、①保護者自身の課題（精神疾患・経済的困窮など）、②保護者からの虐待等、などの要因によって子どもへのサポートが期待できないケースもあり得る。子どものみならず家族全体との関わり、家族への支援が可能な機関との連携（家族を関連機関へつなげることも含む）を通して、一時的に家族の機能を代替する連携体制の構築も求められる。

（2）　医療機関・福祉機関との連携・協働

　学校現場の情報のみならず（社会的側面）、子どもの心理的側面や生物的側面の情報を得ること（生物－心理－社会モデル　BPS モデル：Bio-Psycho-Social モデル）で、子どもや保護者に対してより効果的な支援を行うことが可能となる（図 10-5）。円滑で効果的な連携・協働のために、近隣地域にどのような機関があるかを知っておくことと、学校内に医療機関や福祉機関との連携・協働活動を中心に担当する教員がスタンバイされていることが必要である。そして、自殺のリスクが高いと予測される子どもについては、医療機関（精神科・心療内科）との迅速な連携対応ができるよう体制を整えておきたい。同時に家庭環境をサポートするため、福祉機関との密接な連携も同様である。

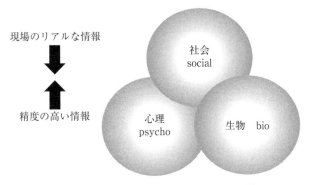

現場のリアルな情報

精度の高い情報

社会
social

心理
psycho

生物　bio

図 10-5　学校－外部機関の子ども支援の考えの基となる
BPS モデル
（Engel（1977）を筆者が一部改変）

　学校内外の円滑な連携・協働を進めるためには、SC・SSW・精神科医等の専門家の存在が重要となり、外部専門家の参画によって①多角的なサポートが可能、②教職員が「巻き込まれる」ことへの予防、③関係者の不安軽減（該当ケースにおける専門的知見の紹介）といった効果が期待できる。

【引用・参考文献】

Engel, G. L. 1977 The need for a new medical model: A challenge for biomedicine. *Science* 196

衛藤暢明・川嵜弘詔　2017　思春期の自殺の実態と自殺予防に向けた検討　九州神経精神医学　63（2）

Favazza, A.R. Simeon, D. 1995 Self-mutilation. In E. Hollander & D. J. Stein（Eds.）*Impulsivity and Aggression*. Chichester.

一般社団法人 日本臨床心理士会　2023　学校における自殺予防教育〜 SC としての役割を果たすために〜　日本臨床心理士会雑誌　32（1）

Joiner, T.　2005　*Why People Die by Suicide*. Cambridge: Harvard University Press.

北川裕子・佐々木司　2021　精神不調アセスメントツール（RAMPS）を活用した高校生の自殺予防の実践例　学校保健研究　63（2）　doi:10.20812/jpnjschhealth.63.2_83

北川裕子　2023　自殺リスク評価ツール（RAMPS）を活用した子どもの自殺予防の実践こどもの自殺対策に関する関係省庁連絡会議ヒアリング　こども家庭庁　https://www.cfa.go.jp/assets/contents/node/basic_page/field_ref_resources/dcd07b77-

f817-494c-beb0-1d3c62746f9b/21152366/20230401_councils_kodomonojisatsutaisaku-kaigi_dcd07b77_02.pdf （閲覧日 2024 年 1 月 29 日）

こども家庭庁　2023　【令和 4 年確定値】小中高生の自殺者数年次推移　こども家庭庁提出資料　https://www.cfa.go.jp/assets/contents/node/basic_page/field_ref_resources/8821dd55-e208-4e2b-9a84-0a6f2fed92bf/e64a9965/20230401_councils_kodomonojisatsutaisaku-kaigi_0a6f2fed92bf_06.pdf（閲覧日 2024 年 1 月 29 日）

国立精神・神経医療研究センター精神研究所自殺予防総合対策センター　2015　科学的根拠に基づく自殺予防総合対策推進コンソーシアム準備会　若年者の自殺対策の在り方に関するワーキンググループ：若年者の自殺対策のあり方に関する報告書　https://www.j-arukanren.com/news/pdf/20150330_suicide_prevention_news_letter.pdf（閲覧日2024 年 1 月 29 日）

松本俊彦・今村扶美　2006　青年期における「故意に自分の健康を害する」行為に関する研究─中学校・高等学校・矯正施設における自傷行為の実態とその心理学的特徴─明治安田こころの健康財団研究助成論文集　42

松本俊彦・今村扶美　2009　思春期における故意に自分の健康を害する行動と消えたい体験および自殺念慮との関係　精神医学　51

文部科学省　2009a　「教師が知っておきたい子どもの自殺予防」のマニュアル及びリーフレットの作成について　第 2 章 自殺のサインと対応　https://www.mext.go.jp/component/b_menu/shingi/toushin/__icsFiles/afieldfile/2009/04/13/1259190_5.pdf（閲覧日 2024 年 1 月 29 日）

文部科学省　2009b　教師が知っておきたい子供の自殺予防　https://www.mext.go.jp/component/b_menu/shingi/toushin/__icsFiles/afieldfile/2009/04/13/1259190_6.pdf（閲覧日 2024 年 1 月 29 日）

文部科学省　2014　「子供に伝えたい自殺予防（学校における自殺予防教育導入の手引）」及び「子供の自殺等の実態分析」について　https://www. mext.go.jp/b_menu/shingi/chousa/shotou/063_5/gaiyou/1351873.htm（閲覧日 2024 年 1 月 29 日）

文部科学省　2022　生徒指導提要（改訂版）

太刀川弘和　2022　子どもの自殺の基礎知識　精神神経学　124

Van Orden, K. A., Witte, T. K., Cukrowicz, K. C., Braithwaite, S. R., Selby, E. A., & Joiner, Jr. T. E.　2010　The interpersonal theory of suicide. *Psychological Review*, 117

中途退学

　通信制を含めた高等学校等への進学率が 2020（令和 2）年には 98.8％にのぼり、義務教育修了のほぼ全ての生徒が高等学校教育へ進学している。その一方で、中途退学率は 2013（平成 25）年の 1.7％（5 万 9,923 人）から緩やかに減少して 2020（令和 2）年には 1.1％（3 万 4,965 人）となったが、コロナ禍の 2021（令和 3）年には 1.2％（3 万 8,928 人）と微増した（文部科学省，2023）。年々減少傾向であったとはいえ、中途退学はその生徒の人生を大きく変える可能性があり、今日的課題の一つであることに変わりはない。中には積極的な進路変更という前向きな理由の生徒もいるかもしれないが、中途退学においては、生活・家庭、学業、学校生活、進路に関する複合的な問題を未然に防ぎ、社会的・職業的自立に向け、必要な基盤となる資質・能力を身に付けられるよう生徒の状況に応じた支援が大切になる。

1　中途退学の実態と要因

（1）中途退学の実態
　中途退学は、校長の許可をもらう自主的な退学以外に、学校教育法施行規則第 26 条で次の 4 つが示されている。①性行不良で改善の見込がないと認められる者、②学力劣等で成業の見込がないと認められる者、③正当の理由がなくて出席常でない者、④学校の秩序を乱し、その他学生または生徒としての本分に反した者（学校教育法施行規則第 26 条）に該当する場合である。

　また、学年別中途退学率は、高校1年生が最も高く、この傾向は長期にわたって変わっていない。文部科学省の調査によると、学年別中途退学者数は、1年生1万4,125人、2年生9,742人、3年生3,515人、4年生172人で、学年進行とともに減少している。なお、単位制では1万5,847人となっている（文部科学省，2023）。

（2）中途退学の要因

　中途退学の理由は、進路変更が43.9％、学校生活・学業不適応が32.8％、学業不振が6.0％、病気・けが・死亡が4.9％、家庭の事情が3.3％、問題行動等が2.8％、経済的理由が1.4％、その他の理由が5.0％となっている（文部科学省，2023）[3]。積極的な進路変更により、高校進学後に自分の生き方を考え、新たな進路を選択する場合や高校で学ぶより思い描く進路への可能性を追求する場合もあるが、中途退学の主たる理由は実際には複合的である。その例を以下に挙げる。

1）進路変更や不適応、学業不振につながる無目的入学や不本意入学

　高校で学ぶ意義、入学する学校の教育方針や特色等の十分な理解がなく、目的意識や学習意欲が不十分で、中学時代から日常的に十分な学習ができていない。そして、何を学ぶかより、どこに入学できるかで判断し、努力せずに現状のまま入学可能な高校を選ぶ傾向にある生徒もいる。また、家族に高校進学を強く勧められ渋々進学するが、学習へのモチベーションが低いために学習の困難さや一過性の人間関係のつまずきをきっかけに学びの場から遠のいてしまう場合もある。さらに、思い描いた進路選択ができずに気持ちの整理ができないまま入学した高校で意欲をなくし、高校以外に居場所を求めてしまうこともある。

2）学校生活や学業不適応、怠学傾向、基本的生活習慣の欠如

　無目的・不本意入学と重複する傾向があり、入学時にみられた学習意欲が次第に失われ、高校生活に馴染めなくなる。また、学習内容に魅力を感じることが少なく達成感が得られないため、遊びやアルバイトに興味が向き学習習慣が身に付かず、学校とも距離が空いてしまう。そして中学に比べて放課後の自

由時間が増え開放的になり、SNS等を通じて地域を越えて交友関係が広がったり、アルバイトで使える金額が増えて自立した気持ちになったりして学習に向かう意欲が低下する。さらには問題行動で度重なる指導を受けるが、問題行動に至った自分自身を見つめ直せず、学校に価値も見いだせずに働いたほうが自分のためになると考えて進路変更をしたり、自暴自棄に陥ったりする様子もみられる。

3）人間関係（コミュニケーション）の取り方が未熟、不十分

　仲間からのプレッシャーや同調圧力により、適切な人間関係をつくって維持できない場合は、日頃の人間関係のもつれ等から、からかいやいじめが起こり、孤立無援になり、過剰な心的反応から被害妄想に陥ってしまうこともある。自分の存在を否定されるような関わりやいじめを受けた場合は、緊急避難的に学校や教室に行かない選択をすることもあり、教師や保護者が気付いたときにはすでに対人関係の修復が困難になりがちである。こだわりやトラウマ（心的外傷）が強い場合は、同級生や同世代の人と話ができなくなることもある。

　育ちの過程で、他者と関わる方法や様々な人と生きていく協調性等を十分に学べなかった場合——幼少期からの保護者の接し方が過干渉、暴力的、わがままに任せる、厳格すぎるなど——、思春期以降の対人関係に不安や混乱が生じることがある。保護者自身が課題を抱え、潜在的な発達過程上の人間関係の問題を抱えている場合は、生徒の対人関係能力が育たないこともある。家族からほどよい対人関係のモデルを得ることができない場合でも、学校で友人や教師から学習して身に付くことはあり、様々な所属グループから学び修正もできる。しかし、思春期や青年前期の学校時代に十分に体得できなかった場合、高等学校以外の疑似家族的な関係をもつ仲間や集団に関心が向く傾向があり、時として学習の継続や学校そのものに価値を見いだせないことが生じる。

　また、発達障害や心理的な不安によりコミュニケーション不全に陥る場合がある。発達障害に対して適切に支援されない場合は、その行動や言動が周囲から理解されないと自己肯定感が満たされなくなる。困り感があってもうまく表現できず、孤立感や自尊感情の低下がみられ、抑うつ、ひきこもりや非行

などの二次障害が起きることもあり、不安や葛藤が強くなり、情緒の安定が図られなくなると、円滑な対人関係に支障をきたす。将来への展望をもてなくなり、疑心暗鬼になって強迫観念が強くなりがちで、家族や周囲から孤立する一方で、理解を示す人には共依存関係を強く求めることがある。

4）不登校

　本人に関わる課題の場合は、教師や同級生の前ではその場の雰囲気や他者評価を敏感に察し、認められたい、受け入れられたいと必死で、挫折等の気持ちの落差が大きく、長期欠席・不登校の要因になりやすい。登校に対して心の葛藤が心身の諸症状として現れ、通院が必要な場合もある。また家では夜中までゲームやインターネットに没頭して昼夜逆転の生活になりやすく、自分の考えと違う現実に悩みを抱え、絶望すると気分の落ち込みが大きく、容易に立ち上がれなくなる。そして、思い描いた将来が固定的な考えになることで、現実とのギャップから様々な生き方を受け入れられない状況に陥る。

　学校に関わる問題による場合、学校・教師・校則・試験などに拒否感を抱くことが多く、自分が否定されてきた感覚が重なり、自尊感情・自己肯定感が極端に低く無気力になりがちである。その場合、学校が強迫的な存在になり、登校が大きな負担となって他のことが考えられなくなる。また、登校していても欠課時数が増えてしまい、単位認定されるのか、原級留置や進路変更になりそうと不安を抱き、どうしたらよいか途方に暮れてしまう。

　家庭に関わる問題による場合は、家族内の支援的な人間関係や親子関係が希薄で、学校でも同級生等との関係につまずき、傷つきやすい。逆に家族が登校を強く迫ると、かえってひきこもり傾向になり、時には家族に暴力を振るうこともある。また、周囲に理解されないと自己否定感情が強くなり、自分を傷つける行動にでてしまうこともある。

　これら以外にヤングケアラー、インターネットやSNS等への傾倒や依存、経済的な理由で就学を断念するなど、中途退学の理由は様々である。生徒と課題を増幅するその環境（友だち・学級・家庭など）を把握し、状況に応じた支援をすることが求められる。

2　中途退学に対する組織体制

　中途退学への対応には、多様な生徒の個性を伸長することを重視し、各高等学校における特色ある個性的な教育の展開をいっそう推進することが肝要となる。特に学校側は、目的意識や学習意欲が不十分なまま高等学校に入学する生徒に対して十分な適応指導が行われているか、基礎的な学力が十分には身に付いていないまま入学する生徒、あるいは自己の興味・関心に従って選択履修したいとする生徒がいるにもかかわらず、画一的な教育課程、学習指導が依然として行われていることはないかを確認することも求められる。そして、学校生活の適応を支えるために中途退学の未然防止とともに組織体制を構築し、学校内外の関係諸機関と連携を図り、チーム学校として中途退学に至る前の早期発見から対応、指導・援助、さらには中途退学者へのフォローアップ（卒業者の対指導に関する活動に該当）まで、重層的支援を組織的に学校全体で積極的に行うことが重要になる（表 11-1）。

　この重層的支援の観点からも、仲間関係の構築や学習、円滑な学校生活等、中学校から高等学校へと移行する 1 年生には特に早期から支援を行い、円滑な移行ができるように、以下のような工夫した関わりをする必要がある。

①　各教科学習においては、学習意欲の低下や無気力への支援、授業の質保証による満足感や意欲の向上を目指し、習熟度別学習や個別の指導計画による学習を行う、協働的な学びを取り入れる、必要に応じて補習や再試験を行う、ICT を活用した学習活動など教育的配慮を行い、教育の機会の確保を保障する。

②　上級生との交流（例えば、ピア・サポート活動）や委員会活動・部活動、体育祭、文化祭等の学校行事を通して人間関係の形成や高校への適応を促進する。

③　キャリア教育（進路指導）の視点から、中学校との情報共有の場を設け、自己実現に向けた支援で用いたキャリア・パスポートを用いて中学校と高等学校を接続し、その先の将来を見据えたキャリア形成の円滑な

表 11-1 中途退学における重層的支援に向けた組織体制

発達支持的生徒指導		全ての生徒	社会的・職業的自立に向けた資質・能力（コンピテンシー）を身に付けるために進路指導、キャリア教育、各教科などを横断して、生徒の発達段階に応じて行う。
課題予防的生徒指導	課題未然防止教育	一部の生徒	高校生活への円滑な移行や適応を目指して校内体制を整備し、社会性の育成に向けたSELやSSTといった心理教育を行う。また、各教科を往還した自らの学習状況や、キャリア形成を見通したり振り返ったりするためのキャリア・パスポートの活用等、自分自身の変容や自己評価の支援を行う。
	課題早期発見対応		生徒の生活・学業・進路・心身の状況について個別的及び総合的に検討し、不適応の予兆を見逃さず課題を早期に発見し、迅速かつ適切な対応を行う。
困難課題対応的生徒指導		特定の生徒	中途退学者の進路指導・キャリア教育を関係機関と連携しながら進める。中途退学後もフォローを行い、学校における取組のみならず、保護者の協力の下、教育支援センターや地域若者サポートステーションをはじめとする関係機関と連携しながら取り組む。

　移行を実現するといったキャリア教育の充実を図る。その際、不本意入学やリアリティショックがある場合は、入学した学校への帰属意識を高め、入学後の生活をどう過ごすのか捉えなおしをする機会を提供する。
④　就学継続希望者には経済的支援や制度、在籍校の授業料免除等の仕組みを、中途退学者にはハローワーク等の就職支援や転入学・編入学等の進路相談などの指導を行う。そのために学校は関係機関と連携体制を構築する。

3　中途退学防止のために学校ができること

　可能な創意工夫ある指導・支援や予防的・開発的な取組をチームで積極的に実施し、関係機関との適切な連携により、魅力ある学校づくりを模索しながら日常的な授業改善を図るとともに、教育相談の進め方や従来の枠組みの見直し、中途退学者のこれからの人生を支援し、高校での学び直しや再スタートの機会を保障することを大事にしたい。

表 11-2　中途退学防止のために学校ができる創意ある取組の例

取組	創意ある取組例
新入生への早期適応指導	①新入生研修プログラム：オリエンテーション週間や新入生合宿の設定、人間関係づくり（SGE、ワークショップ等）、規律指導 ②卒業生による講話 ③早期の個人面談 ④帰りの SHR（実情を踏まえて毎日設定） ⑤挨拶運動や環境美化運動（生徒会活動と絡めて企画）
生徒の学習意欲を高め、基礎学力を付けさせるための授業改善	①授業への取組方、授業中のルール説明 ②授業中のリラクゼーション＆弛緩法の研究と実践（生徒の学習心理をつかんだ指導） ③生徒参加型（動き・変化のある）授業展開の研究と積極的な導入 ④達成感を与える授業展開と地域・異年齢との関わりが持てる授業 ⑤有機的な学習集団の構築（例：生徒間での試験予想問題づくり、教え合い、学び合い） ⑥教育相談的授業展開・褒める／叱るバランスのスキルアップ ⑦校内授業研究と公開授業による指導力向上 ⑧生徒による授業評価・授業満足度評価、Q-U の活用
問題行動を契機とした中途退学の防止	①自己抑制と自己と他者理解の方法の提示（例：SST、SEL、アサーショントレーニング、ロールプレイ、ロールレタリングの活用） ②反省・省察のための指導や懲戒処分のガイドラインの周知徹底 ③登校反省指導の充実 ④教育相談・生徒指導方針の点検と内規の見直し ⑤家族への支援的働きかけ（家庭訪問等の工夫） ⑥リーガル・マインドに沿った指導法の研究と実践

（取組）	（創意ある取組例）
不登校生徒に対する支援（学校での居場所づくり）	①校内相談支援体制の充実 ②家族への働きかけ方の工夫 ③来談生徒中心の教育相談週間の設定（年数回） ④担任と関係職員の連携（面接、電話、メール） ⑤不登校支援機関との連携：関係機関や適応指導教室、民間団体など ⑥巡回訪問指導員の活用 ⑦「ピア・サポート」の研究と授業実践 ⑧生活支援チームの運営（本人と家族を支援）
発達障害の生徒への支援	①適切な生徒理解と対応（校内外の研修） ②校内の生徒支援体制の充実 ③中学校・教育事務所・特別支援学校及び総合教育センターとの連携 ④福祉事務所・保健所・精神保健福祉センターへの相談と連携 ⑤ハローワークとの連携 ⑥保護者との教育相談の充実（特別支援教育コーディネーターを軸とする） ⑦ SC、SSW の活用 ⑧人権教育を基底にした発達障害に関する一般生徒・保護者に向けの啓発活動 ⑨発達障害の生徒の個別プログラムを作成
教育課程の見直しと単位認定	①魅力的で特色ある学校設定科目の設置（例）「コミュニケーション」「人間関係づくり学習」「マルチベーシック」　基礎学力の回復や達成感の得られる授業 ②就業体験やキャリア教育の充実 ③人間としての在り方生き方教育、命の教育の充実 ④生徒の状況を考慮した単位認定の弾力化（生徒を追い込み過ぎない）
学校の相談体制と指導体制（意識改革・研修）	①相談室の確保、チームとしての支援機能の充実 ②「相談室だより」の発行、生徒・保護者向けに各々発行 ③生活指導通信の発行、"個人、集団を褒める" "良い所を見つめる" 等の通信内容の工夫、時々、生徒の声（意見）を掲載 ④教育相談研修の充実：SST や SEL の理論とソーシャルスキルの獲得に向けた支援、集団や個別指導、性差による指導等についての研修の工夫 ⑤休学者への適切で継続的な指導 ⑥生徒指導や相談活動に取り組む実践校からの学び（書籍・学校訪問・講師招聘等）

（取組）	（創意ある取組例）
中途退学者に対する支援と指導	①多様な進路に向けての総合的な支援に関して、職員相互や他校・県関係機関との情報共有 ②対象者や家庭との緊密な連絡体制により、信頼関係の構築、必要な情報の共有 ③関係職員による定期的な連絡や家庭訪問 ④定時制、通信制高校（公私立）編入の助言指導 ⑤高校卒業程度認定試験（8 月、11 月）への指導助言 ⑥就職支援に関わる関係機関と連携：ハローワーク・ジョブカフェ・県立（産業）技術専門校など
保護者との信頼関係の構築	①保護者の願い／気持ちなどの傾聴 ②信頼を深める家庭訪問や電話連絡、メールといった連携 ③家庭や個人に配慮した言葉遣いや態度に留意 ④文化祭等に保護者の協力要請を依頼する際の親和的関わり ⑤保護者会に SGE やゲームを取り入れ、懇親と信頼感を構築

【引用・参考文献】

国立教育政策研究所　2013　公立高等学校の中途退学発生プロセスについての調査研究（中間報告）　生徒指導・進路指導研究センター

文部科学省　2022　高等学校中途退学問題について　学校不適応対策調査研究協力者会議報告（概要）　https://www.mext.go.jp/a_menu/shotou/seitoshidou/ 04121502/024. htm（閲覧日 2023 年 11 月 15 日）

文部科学省　2023　令和 4 年度児童生徒の問題行動・不登校等生徒指導上の諸課題に関する調査結果の概要　https://www.mext.go.jp/content/20231004-mxt_jidou01-100002753_1. pdf（閲覧日 2023 年 11 月 15 日）

コラム　SEL とは

　集団不適応、不登校、暴力行為をはじめとするいじめなどに対応する働きかけとして、注目されている SEL（ソーシャル・エモーショナル・ラーニング）は、アメリカの NPO 法人のキャセル（CASEL：The Collaborative for Academic, Social, and Emotional Learning）によって効果が認められた予防教育プログラムの総称で、日本では、社会性と情動の学習とも呼ばれている。SEL を通して伸ばす 5 つの能力として、①「自己への気づき」、②「他者への気づき」、③「対人関係」、④「自己のコントロール」、⑤「責任ある意思決定」を取り上げ、学校が家庭や地域と連携することで、子どもたちが生活の中で SEL を学ぶ仕組みが提案されている（図1）。

　その SEL の代表的なプログラムには、良好な対人関係の構築と維持に必要な知識と行動を身に付ける SST、学校で求められる 8 つの社会的能力を育成する「社会性と情動の学習」（SEL-8S、SEL-8C）、直面した困難に対し適応的な回復を促すレジリエンス包括プログラム等がある。

　これらのコンピテンスを高めることにより、教師と子ども・子ども同士

図1　SEL による学びの仕組み
（CASEL（2020）；渡辺・小泉（2022）を基に筆者作成）

の良好な関係づくり、問題行動の減少、学業の達成などの効果も明らかにされている。さらには、学級経営や学校教育活動にも貢献できることから、小学校・中学校・高等学校でも授業に位置付けた実践が積極的に行われるようになってきている。SELの実践は、教員のメンタルヘルスの向上やバーンアウトの予防にもつながるとの報告もあるため、学校現場での積極的な導入が期待される。

【引用・参考文献】

Collaborative for Academic, Social, and Emotional Learning 2020 CASEL's SEL Framework: What are the core competence areas and where are they promoted? Retrieved from https://casel.s3.us-east-2.amazonaws.com/CASEL-SEL-Framework-11.2020.pdf（閲覧日 2023 年 12 月 11 日）

渡辺弥生・小泉令三 編著　2022　ソーシャル・エモーショナル・ラーニング（SEL）非認知能力を育てる教育フレームワーク　福村出版

（小高　佐友里）

第12章

不登校
....

1　不登校児童生徒の社会的自立の支援に向けて

　子どもたちにとって、学校は居心地のよい場所であることが望ましいが、様々な理由で学校に登校できない児童生徒がいる。不登校児童生徒への支援では、学校に登校することがゴールではなく、社会的自立を果たすことが目標となる。つまりは、自己実現を目指す個人としての個性化、そして責任ある社会の担い手としての社会化とのバランスを大事にすることにある。

　しかし学校では、不登校の児童生徒が、再び登校することをゴールにしがちであるが、再び学校に登校することがどの子にとっても最適解というわけではない。不登校のその時期は、その人にとってその時に必要となる時間であり、立ち止まって休むことや自分を見つめ直すことなど肯定的に意味付け、同時に学業の遅れや進路選択上の不利益、社会的自立へのリスクの存在を理解し、次のステージに向かうための重要な時間として捉えさせたい。そのために教員は、社会的自立を念頭において、一人一人が望む自立の姿に近づけるよう、手助けができる「チーム学校」の体制を整えることが重要になってくる。そのため、学校が居心地のよい場所で魅力的な学校になるための発達支持的生徒指導と、適切なアセスメントに基づく支援の目標や方針に従った多職種の専門家や関係機関との連携・協働による課題予防的・困難課題対応的生徒指導を、「チーム学校」の考えを重視する生徒指導体制の下、児童生徒個々の状況に応じた具体的な支援を展開することが求められる。

2　不登校の定義と基本的な理解

（1）不登校の定義

　不登校は学校不適応対策調査研究協力者会議（1992（平成4）年）において「何らかの心理的、情緒的、身体的あるいは社会的要因・背景により、登校しない、あるいはしたくともできない状況にあるため年間30日以上欠席した者のうち、病気や経済的な理由による者を除いたもの」と定義されている。そして不登校は、無気力・不安、生活リズムの乱れ・あそび・非行、いじめを除く友人関係をめぐる問題、親子の関わり方、学業不振、教職員との関係をめぐる問題など様々な要因によって起こるとされている。しかし、無気力・不安の不登校に見えても、親子関係の葛藤や学力の課題、進路決定への不安等が浮かび上がってくるような場合もあるため、不登校児童生徒の状況やニーズは一人一人異なり、支援も一人一人異なる。そのため、丁寧なアセスメントを行い、適切な実態把握による支援をすることが重要である。

（2）教育機会確保法に基づく対応

　不登校の児童生徒を支援する際に基本となる考えは、2016（平成28）年に制定された「義務教育の段階における普通教育に相当する教育の機会の確保等に関する法律」（確保法）に基づいている。不登校の児童生徒の教育を受ける権利を保障するために、多様な教育の機会を確保することがこの法律の大きな柱となっている。そのため、不登校の状況が問題なのではなく、不登校で児童生徒が学習を受けることができない状況を問題と捉え、不登校を問題行動と判断しないことが強調されている。これにより、学校に行くことができない状況の中でどのように学習を保障するか、また学校に行けないことで、子どもや保護者が子ども自身や保護者自身を否定的に捉えないように支援することが重要になる。そこで、支援の方向性は次の2つを重視する。

1）社会的自立に向けた支援

　不登校の児童生徒を支援するとき、在籍校への復帰を目指すのみでなく、その児童生徒にはどのような場で、どのような体験が社会的自立につながるのか、社会的自立につながる支援がどのようにできるかという視点から考える。例えば、学校に登校できない状況でも、担任と好きなことを話したり、ボランティアや支援員と一緒に活動することで自己理解が深まったり、自分とは違う考えや思いを知り、他者の視点に気付くことができる。このような体験を通して、自分の将来を考え、やりたいことが見つかることもある。

2）不登校児童生徒の多様な学びの場

　そこで、教育支援センター、フリースクールなど、学校に登校するだけではない選択肢を活用し、児童生徒個々の状況に応じた学びの場・形を実現させる。例えば、在籍中学校への復帰、不登校特例校への登校といった個々の状況に応じた支援、適切に他者に依存する、自らが必要な支援を求める、自己肯定感を回復するといった社会の中での自己実現の支援である。その学びは、一定の要件の下、校長の判断により指導要録上出席扱いにできるため、児童生徒の学びは、公的記録として十分な配慮をして評価する必要がある。

3　不登校児童生徒への支援方法

　確保法に基づいて不登校児童生徒を支援するとき、社会的自立を目標に支援し、困難課題対応的生徒指導及び教育相談を機能的に実施し、充実させることが肝要である。

（1）アセスメントの重要性

　一人一人に応じた支援をするためには、まず初めに、その子どもと子どもの環境に関する情報の収集・分析を通して、心理教育的援助サービスに関わる意思決定をするための資料を提供するプロセスであるアセスメントが重要になってくる。アセスメントは、担任、学年主任、学年の先生、養護教諭、心理

の専門家の SC、福祉の専門家の SSW など学校関係者に加えて、必要な場合
は学校外の関係機関の専門家をメンバーにしてチームで行う。それぞれの立場
から情報を持ち寄り、専門的立場から意見を述べ、多角的・包括的に捉えるこ
とでよりよい支援方針を立てることができる。

　その際、行けなくなった原因やどうしたら行けるようになるかといった方法
にだけ目を向けず、本人がどうしたいと思っているのかという願いや希望・意
思に耳を傾け、本人の強みや持っているリソースを把握する。特に、支援のプ
ロセスにおいては、家族・友人などの周囲の人からのサポート、コミュニケー
ション力・知識・経験・スキル・考える力などの能力、これまでの成功体験の
リソースを生かし、関わる大人は子どもの強みややりたいことを一緒に探しな
がら、子ども自身が自分の足で次のステージに自信をもって進んでいけるよう
支援することが大事になる。

（2）　社会的自立に向けた児童生徒への支援
1）　必要な支援を求める力をつける、人に上手に SOS を出せる

　様々な人と関わる社会の中で、それぞれが置かれた状況で役割を持って関
係性を維持しながら、私たちは自分の意思と判断に基づいて責任を持って行動
をすることが求められ、自己実現を図っていく。しかし、社会的参画している
とき、できない、分からない、戸惑う、体調が悪くなることもある。そのよう
なときはその状況を受け入れ、人に助け（SOS）を求めることで乗り越えた
い。つまりは自ら必要な支援を求める力を発揮し、社会的自立を果たしたい。
そのため、不登校児童生徒が周囲の人に支援を求めて支えられながら歩みを進
めることは、この力を育む時間であり、成長の機会ともいえる。

2）　傷ついた自己肯定感を回復する、ソーシャルスキルを身に付ける

　不登校になる前には様々な傷つきの体験をした不登校児童生徒の多くが、
自分に自信を失って自己肯定感が低い状態にある。不登校で学校に行けない状
況にあっても、多くの知識や経験を増やせる時間がたくさんあると考え、様々
な学習や体験の機会を提供し、学歴は生涯を通してつくるものと理解させる。
そして、本人の意思を尊重しながら将来について考え、強みを生かした進路選

択をしたい。

　また、友だちや教師など周囲の人に裏切られたと人に対して不信感を持っている場合は、フリースクールなど今までと違う世界の人と知り合うことを通して、様々な考えや思いをもつ人と出会い体験をすることも大切になる。このような人との関わりの経験は欠かすことができず、社会の中で居場所を見つけて働いていくという社会的自立を考えたとき、コミュニケーション力やソーシャルスキルを身に付けることはとても大切になってくる。そして先生や友だち、地域の大人や様々な人たちとの肯定的な関わりの中で、課題に取り組み、自己肯定感を高めていくと考えられる。

3） 多様な選択肢から自分に合う進路を意思決定する力を養う

　教育センター、NPO法人フリースクールなど、居場所や学ぶ場が多岐にわたり、通信制、3部制の高等学校などの多様な学校もあり選択肢の幅が広がっている。子どもの特性や関心・興味にあわせて意思決定できるよう、キャリア発達を促す支援とともに、学校・就労先との連携を図ることが重要になる。

4　不登校対応に求められる組織体制

（1） 教育相談体制の充実と教職員の連携・協働

　教育相談体制の充実には、担任、養護教諭、教育相談コーディネーター、特別支援教育コーディネーター、SC、SSWなど様々な立場の教職員が共通理解を図ってチームで対応する姿勢が求められる。その際、児童生徒理解・支援シートを活用すると、児童生徒の情報を集約することができ、支援の計画を学校内や関係機関で共通理解を図ることができる（図12-1）。さらには、そのシートを進学先・転学先の学校へ適切に引き継ぐと、多角的な視野に立った切れ目のない組織的な支援（縦の関係）を構築することが可能となる。そして多職種によるネットワークをつなぐ役割は教育相談コーディネーターが担い、公式のケース会議だけでなく、情報交換と次にとるべき対応を検討する非公式のケース会議をファシリテートする（図12-2）。この際、個人情報の取り扱い

作成日：平成　年 1 月　日　　　　　　　　※の事項は障害のある児童生徒、外国人児童生徒等で必要な場合に記入

作成者　H○（記入者名）　　　追記者　　H○（記入者名）／H○（記入者名）／…

（児童生徒）名　前	性別	生年月日	国籍等（※）	出生地（※）
（よみがな）0		平成		
0		年　月　日		

（保護者等）名　前	続柄（※）	学校受入年月日（※）	連絡先
（よみがな）		平成	
		年　月　日	

○学年別欠席日数等　　　　　追記日 ○／○

年度													
学年	小 1	小 2	小 3	小 4	小 5	小 6	中 1	中 2	中 3	高 1	高 2	高 3	高 4
出席しなければならない日数													
出席日数													
別室登校													
遅刻													
早退													
欠席日数													
指導要録上の出席扱い													
①教育支援センター													
②教育委員会所管の機関（①除く。）													
③児童相談所・福祉事務所													
④保健所、精神保健福祉センター													
⑤病院、診療所													
⑥民間団体、民間施設													
⑦その他の機関等													
⑧IT 等の活用													

○支援を継続する上での基本的な情報

特記事項（本人の強み、アセスメントの情報、家庭での様子、障害の種類・程度・診断名・障害者手帳の種類・交付年月日（※）、学習歴（※）、日本語力（※）等）

○家族関係

特記事項（生育歴、本人を取り巻く状況（家族の状況も含む。）、作成日以降の変化、家族構成（※）、家庭内使用言語（※）等）

○備考欄

図 12-1　児童生徒理解支援シート（共通シート）
（文部科学省，2019）

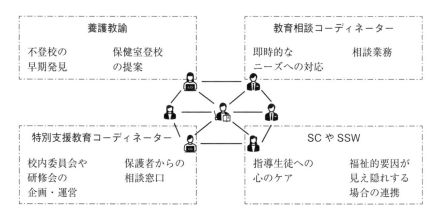

図12-2　教育相談を支える教職員の連携・協働の例

を慎重にする以外に、関係機関との連携を図る際に「説明と納得の過程（インフォームド・コンセント）」が欠かせない。児童生徒にとってこの機関はなぜ必要なのかを、本人及び保護者に分かるよう説明し、支援の内容への合意を得た上で、連携・協働することが大切になってくる。

（2）不登校対策につながる発達支持的生徒指導

　不登校の発達支持的生徒指導の段階で、魅力ある学校・学級づくりが求められている。どの子にとっても居心地がよく、安心して過ごせる居場所づくりが重要で、大きな意味を持つ。担任教師であれば、学級経営に普段から力を入れ、多くの先生が児童生徒のことを考えて関わり、授業づくりをしている。つまりは普段から行っている、当たり前とも捉えられる日々の営みが、不登校を未然に防止することにつながっているといえるであろう。

1）魅力ある学校・学級づくり

　所属する学級が安心・安全な居場所となるような次のような取組をする。まずは日々の授業や特別活動等を通して、全ての児童生徒にとって個々の学びを保障する、分かりやすく、興味関心が湧き達成感のある授業となるよう工夫する。また、校長のリーダーシップの下、いじめや暴力を許さない学校運営や学級づくり、予防教育を行い、問題の芽を早く摘み取ることを意識する必要が

ある。

2）学習状況に応じた指導と配慮

　一人一人の学習状況を把握した上で、指導の個別化と学習の個別化を行う必要がある。例えば、個別指導やグループ別指導、学習内容の習熟に応じた指導、児童生徒の興味関心等に応じた課題学習、補充学習や発展的学習など、個別最適な学習の実現を目指す。そのためにはまず、学級が安心できる居場所になるように集団づくりを目指すことが求められている。

　学級経営は、担任教師と児童生徒の毎日の小さな関わりの積み重ねである。児童生徒が安心して楽しく、また穏やかに居場所がある中で過ごすことができる学級とするためには、担任自身が自分にできることを考えて実践したり、時には、周りの先生と相談したり、そして職員室で同僚とおしゃべりをしたり悩みを聴いてもらったりといった居心地よく安心な場があることが、翻って、児童生徒に居場所がある学級に近づけていけることになるだろう。

【引用・参考文献】

文部科学省　2019　不登校児童生徒への支援の在り方について（通知）令和元年 10 月 25 日（別添 1）児童生徒理解支援シート（参考様式）　https://www.mext.go.jp/a_menu/shotou/seitoshidou/1422155.htm（閲覧日 2023 年 11 月 15 日）

コラム　SST 実践のためのポイント

　日本で実践されている、様々な SEL プログラムのうち、SST の実践例を紹介する。良好な仲間関係の構築には、関係づくりから始まり、関係を広げ、適切に維持していく関わりが求められる。SST では、関係づくりの基礎的なスキルを学んだ上で、獲得したスキルを様々な場面に応用する流れでプログラムが進んでいく（図1）。

関係を始めるスキル	関係を広げるスキル	関係を維持するスキル
・初対面でも仲よくなれるきっかけを（自己紹介） ・人の心と心をつなぐ架け橋に（あいさつ） ・相手に関心をもって（聴く） ・伝えよう、心から（話す）	・助けを借りたいときもある（やさしく頼む） ・ちょっとした勇気が大きな学びに（質問する） ・相手を傷つけない意思表示とは（上手に断る） ・まごころを伝えるために（謝る）	・複雑な感情に気づく（感情を理解する） ・イケてる自分を発見できる（自尊心を高める） ・仲よしでいるために（SNSによるコミュニケーション） ・違うからこそ互いに思いやる（異性と上手にかかわる）

図1　SST で獲得を目指すスキルの例（渡辺・原田（2015）を基に筆者作成）

　指導者は、子どもたちのニーズやクラスの状況を踏まえ、ターゲットとなるスキルを選択し、以下の流れに沿って、子どもたちが体験を通して効果的に学ぶことのできる授業を展開していく（図2）。

インストラクション ①　スキルの獲得が必要であると、子どもたちを動機づける説明をする → **モデリング** ②　スキルをイメージで理解できるモデルを見せる → **リハーサル** ③　ロールプレイ（役割演技）を通し体験をさせる → **フィードバック** ④　うまくできた点を伝え、よい行動を増やしていく → **チャレンジ** ⑤　学んだスキルを日常生活で活用できるよう課題を出す

図2　SST の流れ

　SST が目標とする良好な対人関係を構築し、適応的なコミュニケーションを維持していくためには、自分や相手の気持ち（感情）を正確に理解し、コントロールした上で、適切に表現していく力が必要となる。しかし、感情は内面で進むプロセスであり、外から捉えることは難しい。そこで、エネルギーや居心地、色により視覚的に捉えることができる補助教材を用いるなど、トレーニングの効果を高めるための様々な工夫がなされている（図3）。

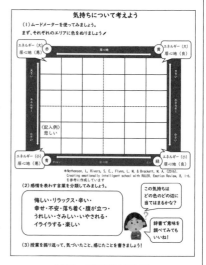

図3　補助教材の例
（小高，2022）

【引用・参考文献】

小高佐友里　2022　感情を理解する SNS 世代の中学生のためのソーシャルスキルトレーニング　授業力&学級経営力　146　明治図書

渡辺弥生・原田恵理子　2015　中学生・高校生のためのソーシャルスキル・トレーニング ―スマホ時代に必要な人間関係の技術―　明治図書

（小高　佐友里）

第13章

インターネットと携帯電話
·········

　インターネットやスマートフォンはSNSや、デジタルネイティブ世代の子どもだちにとって日常のコミュニケーションとして当たり前に使用される一方、傾倒しすぎて対面上の対人関係に苦手を感じる、ネット上と対面上のコミュニケーションのバランスが取れない、事件事故に巻き込まれる等のケースがある。トラブルが起きてしまうと解決が困難になり、心身の不調が生じることもあるため、未然防止を含めた対策を講じるための体制整備は重要になってくる。ゆえに、インターネットの特徴を知り、情報モラルやリテラシーの指導及び啓発を関係機関等と連携しながら、「チーム学校」で対策を進めることが肝要になる。

1　SNSに起因する事犯の被害児童生徒数

　警視庁（2023）によると、SNSに起因する事犯の被害児童生徒数は1,732件で、そのうち児童ポルノ・児童買春が979人、略奪誘拐・強制性交等の重要犯罪が129人と犯罪に巻き込まれているケースは、決して少なくない。事犯の被害児童生徒の大半は、アクセス手段がスマートフォンで、フィルタリングなしの児童生徒がフィルタリングありの児童生徒の約7倍となっている。さらに、自らを撮影した画像に伴う被害は、小学生63人、中学生295人、高校生226人と中学生が一番多い（文部科学省，2020）。このことからも、自分の身を守るための情報リテラシーとモラルを身に付けるためには、早期の段階か

ら予防教育を行う必要性の高さがよく分かる。

2　インターネット等における関連法規等

　トラブルを生じる、事件に巻き込まれるといったことが後を絶たない中、現状の問題や課題について積極的な未然防止や対応が求められる。そのためにはまず、インターネット等における関連法規などの知識を理解することが必要になる。関連法規等については、次頁の表13-1を参考にしてほしい。

3　インターネット等の指導における注意点

（1）インターネットの特性

　インターネットには、「記録性（残る）」「流出性（広まる）」「公開性（見せる）」「非対面性（伝わりにくい）」「即時性（つながる）」の5つの特性があるとされている。これ以外に、「なりすまし」、素性を明らかにせず攻撃できる「乖離的匿名性」、加害者が誰か分かりづらく加害者からも被害者の反応が見えない「不可視性」、いつでもどこでも起こり得る「無境界性」、数限りない傍観者が存在する可能性がある「群集化」、四六時中どこにいても攻撃される可能性がある「不可避性」といった特徴もある。これらの特性・特徴により、ネット上での誹謗中傷等が犯罪行為につながることにもなりかねない。

（2）ネットの拡散性：ネットリテラシー

　インターネット上の書き込みや写真、きわめてプライバシー性が高い重要な個人の情報が一度拡散されると、自分の知らないところで多くの人の目に触れてしまい、完全削除もできず、半永久的に情報が残ってしまう（デジタルタトゥー）といった特性を持つ。SNSの普及により、うわさやデマが拡散されるスピードも格段に上がり、ネット炎上が起き、さらに個人情報が特定される

表13-1　インターネット等における関連法規等

---

(1) **インターネット環境整備法**（青少年が安全に安心してインターネットを
　利用できる環境の整備等に関する法律）
　安全・安心なインターネット利用に向け、青少年の権利の擁護に貢献する
ことを目的とし、子どものインターネット利用の適切な管理等に保護者が
努める必要があるとされている。また、保護者と携帯電話インターネット
接続事業者は、18歳未満の青少年の携帯電話の利用においてフィルタリ
ングサービスの利用を条件としなければならない。2008（平成20）年制定。
(2) **出会い系サイト規制法**（インターネット異性紹介事業を利用して児童を
　誘引する行為の規制等に関する法律）
　インターネット異性紹介事業（いわゆる出会い系サイト）の利用をきっ
かけとする児童買春その他の犯罪から児童生徒を保護しつつ、児童生徒の健
全な育成に寄与することを目的に、児童生徒を性交等の相手になるような
誘引行為等の禁止、児童生徒の利用禁止の明示や児童生徒ではないという
確認義務をインターネット異性紹介事業者は負う。2003（平成15）年制定。
(3) **プロバイダ責任制限法**（特定電気通信役務提供者の損害賠償責任の制限
　及び発信者情報の開示に関する法律）
　インターネットへの書き込み等で、名誉棄損・プライバシーの侵害等が生
じたとき、プロバイダの損害賠償責任の制限や書き込み等をした者の情報
開示を請求する権利を定めている。プロバイダは、被害者から依頼があっ
た場合、書き込みの削除や、書き込み等をした者の情報を開示することが
できる。2001（平成13）年制定。
(4) その他の法律等
　①**児童・売春ポルノ禁止法**（児童買春、児童ポルノに係る行為等の規制及
　　び処罰並びに児童の保護等に関する法律」
　　児童ポルノの画像データ所持・提供は刑罰の対象で、18歳未満の者の
　　裸等を撮影する行為は「児童ポルノの製造」となる。
　②**刑法**
　　インターネットへの書き込みは名誉毀損罪や侮辱罪になることがある。
　③**「学校における携帯電話の取扱い等について」**（文部科学省の通知）
　　小中学校は原則校内持込禁止、高等学校は原則校内使用禁止、特別支援
　　学校は実態に応じて持ち込み可としている。

（文部科学省（2022）を基に筆者作成）

危険性やリベンジポルノ等、深刻な被害が生じてしまうケースもある。そのた
め、情報漏洩などのリスクを回避し、インターネットを適切に利用するため
にも重要な能力であるネットリテラシーの育成が必要になる。情報を発信する

ときには個人情報を安易に取り扱わないよう、発信する内容に気を配り、炎上を回避する意識を持つこと、また、気軽に交流できるからこそ、やり取りには十分気を付ける必要があり、特にSNSでは意図的でなくとも加害者になってしまう可能性があることを児童生徒には気付かせたい。

（3）ネットいじめ

　文部科学省の調査によると「パソコンや携帯電話等で誹謗・中傷や嫌なことをされる」というネットいじめの認知件数は、小学校・特別支援学校・高校・中学校の順に多いとされている（文部科学省，2023）。SNS上では対面以上にやり取りが大人の目に触れにくいこともあり、この認知件数は氷山の一角と認識し、対面上とネット上のいじめが同時に起きていないかといった側面からその状況を把握することが求められる。SNS上のやり取りは、お互いの表情や声のトーンなどノンバーバル（非言語コミュニケーション）が分からず、短文による説明不足やスタンプや絵文字も受け取る人によって解釈が異なることから誤解が生じることもあり、ネットいじめにつながる場合もある。

　さらに、閉鎖的空間では普段しないような卑劣で残虐な逸脱行為が生じやすく、怒りの集団感染が起こりやすい。このように現実の世界では言ったり行ったりしないことをサイバー空間で言ったり行ったりするようになる傾向を「オンライン脱抑制効果（ODE：Online Disinhibition Effect）」といい、いじめに関連するとされている（温・三浦，2023）。このODEは、不可視性・乖離的匿名性以外に、相手からの即時の反応を知ることができない「非同期性」、ネット空間で創られた信念が現実世界での責任とは切り離されて存在する「乖離的想像性」、相手のパーソナリティを自分勝手に想像する「唯我独尊な取り込み」といった特性がある。つまりは、その場・その瞬間に相手や他人の反応を感じ取ることができない時間のずれによる認知の歪み、人に話しかけているのではなく独り言を言っているような錯覚、まるでゲームのように非現実の空間であるという感覚、上下関係がなく警察のように取り締まる人間もいないため何を言ってもよいという意識になりやすいのである。

（4）ネットの長時間利用とネット依存

　インターネットはいつでも利用できて他者とつながったり、動画視聴や調べものを検索できる等の便利さがある。けれどもその一方で、友だちとのコミュニケーションをいつでも取らなければならないことにストレスを感じて心身の不調を生じたり、ゲームにのめりこんで依存の問題を生じる等の深刻な状況や問題につながる場合がある。特にゲームへの依存は2019（令和元）年5月に、世界保健機関（WHO：World Health Organization）がゲーム障害を新たな疾病と認定している。

　ゲーム障害は、①ゲームをする時間や環境をコントロールすることができない、② 他の生活上の関心事や日常の活動よりゲームを優先にする、③ 健康を損なう等の問題が起きているのにゲームをやめない、またはエスカレートさせるといった3条件を満たした上で、学業や日常生活に著しい障害がある状態が1年以上続く場合とされている。児童生徒の様子では例えば、登校をしぶる、成績の低下、昼夜逆転生活、家族や友人との会話が極端に減り暴力的・攻撃的になった、身なりを気にしない等が挙げられている。

4　インターネットに関わる問題の未然防止

（1）インターネット問題の対策のための組織体制

　先述したインターネット問題の対策については、情報交換や方針策定のための協議を行う組織を、校務分掌に位置付け、チーム学校体制で対応することが求められる。この組織では、①定期的な会議の開催による学校で起きているインターネット問題の集約と対策の方針決定、②児童生徒のインターネット利用の実態把握のためのアンケート調査、③児童生徒がインターネットの知識や課題解決方法について学ぶ機会（授業や講演会など）や話し合う機会（ルール作りなど）の設定、④トラブルの発生した場合、児童生徒が早急に自主的に相談・通報できる校内窓口の設置と地域の専門機関や各種相談窓口の周知を行う。同時に、SC・SSW・警察・児童相談所・消費者センター等の専門家から

なる対策チーム（委員会）を設置し、必要なときに的確な対応ができるよう事前に準備することが求められる。

（2）児童生徒に対する未然防止の取組

　高度情報社会を生き抜く児童生徒にとっては、情報リテラシー（情報を正しく使う力）と情報モラル（態度）はいっそう重要になってくる。また、一人1台のタブレット端末の使用で学習が行われるようになる中、情報リテラシーと情報モラルは各教科等の教育活動を横断して獲得する機会が提供できる。そのため、児童生徒の発達段階や習熟度を踏まえながら、児童生徒が主体的に考え、メリット・デメリットや問題解決に向けて話し合う機会を用意し、普段の生活の中から気付きを得ることができるよう、教職員と保護者も共に学び合う環境を醸成することが重要になる。例えば、ホームルームや児童会・生徒会活動でのルール作りや仲間同士で相談し合うピア・サポート活動、誹謗中傷等いじめを未然防止するための演劇といった取組などがある。また、児童生徒がSNS等で学校外の不特定多数の人を巻き込んだり巻き込まれたりして起こした実際の事案を通して、自分事として考える取組に加えて、困ったときにSOSを出せる力や信頼して相談できる人との関係性を維持するコミュニケーションも重要になる。

（3）家庭との協力と連携

　学校配布の端末を学校や家庭で使用するにあたっては、学校でルールや方針を明確に設定し、保護者に提示して理解を得る必要がある。家庭にある端末利用においても同様に、ネットトラブルや被害、長時間利用などの問題を予防するために、リーフレットや学校だよりの配布、保護者対象の講演会や保護者会、授業公開・学校説明会等で、家庭でのルール作りとモラルの教育、フィルタリング設定について伝え、家庭と連携して情報リテラシーと情報モラルの育成を図りたい。インターネットを中心とするIT（Information Technology）やAI（人工知能　Artificial Intelligence）の高度化により大人も知識を獲得することが大事になるため、家庭への情報提供や支援を積極的に行うことが必

要になる。

5　インターネットに関わる問題が生じたときの対応

（1）　課題早期発見対応（課題予防的生徒指導）に基づく対応

　予兆やサインが見られた場合、深刻な問題にならないよう早期発見・早期対応に努めることが重要になる。そのためには、①教職員が児童生徒のインターネット利用の実態に関心を持ち、日頃から児童生徒の様子をよく観察する、②児童生徒が関心を持っている SNS のアプリやツールの情報を得ておく、③他の児童生徒からの情報（例えば、個人情報流出や誹謗中傷、炎上等悪質な投稿やネットいじめなど）や本人・保護者からの訴えに耳を傾ける、④著作権法違反等の違法投稿、ネット詐欺、児童買春・児童ポルノ禁止法違反などのトラブルを外部関係機関と協力して早期に発見する、といった方策を取る必要がある。そして、不断の情報収集と児童生徒への丁寧な聴き取りを心がけ、アセスメントに基づいた対応方針のすり合わせを関係者で行う対応が大事になってくる。

（2）　困難課題対応的生徒指導に基づく対応

　すでに困難な状況に陥り特別な支援を必要とする児童生徒には、被害の拡大を防ぐことを優先に、異年齢・学年、広範囲の地域の児童生徒への聴き取り、周知・指導を学校内外の関係者で連携・協働しながら支援する。このとき、児童生徒や保護者の意向や気持ちをくみ、関係者が一緒に問題解決へ向き合う姿勢が大事になる。以下にその対応の具体例を示す。

① 　法的な対応が必要な指導：違法投稿（著作権法違反、薬物等）、ネット詐欺、ネット上の危険な出会い、児童買春・児童ポルノ禁止法違反（自画撮り被害等）などは、関連する法律を確認し、警察や消費生活センターなどの関連機関と連携を取り合い対応する。

② 　学校における指導：誹謗中傷、炎上等悪質な投稿に対する適切な相談

窓口の紹介、ネット起因の人間関係のもつれに対する指導・啓発を行う。個別面談をする。

③　家庭への支援：心身の不調を生じた児童生徒への SC による心のケア、対応方針と学校内外の連携による支援、家庭が居場所となるよう保護者と確認する必要がある。

【引用・参考文献】

警察庁　2023　令和4年における少年非行及び子供の性被害の状況（更新版）　https://www.npa.go.jp/publications/statistics/safetylife/syonen.html（閲覧日 2023 年 11 月 12 日）

文部科学省　2020　学校における携帯電話の取扱い等について　https://www.mext.go.jp/content/20200803-mxt_jidou02-000007376_2.pdf（閲覧日 2023 年 11 月 12 日）

文部科学省　2022　生徒指導提要（改訂版）　https://www.mext.go.jp/content/20230220-mxt_jidou01-000024699-201-1.pdf（閲覧日 2023 年 11 月 12 日）

文部科学省　2023　令和4年度児童生徒の問題行動・不登校等生徒指導上の諸課題に関する調査結果　https://www.mext.go.jp/content/20231004-mxt_jidou01- 100002753_1.pdf（閲覧日 2023 年 11 月 19 日）

温若寒・三浦麻子　2023　多次元オンライン脱抑制尺度（MMOD）の作成及び妥当性と信頼性の検討　社会心理学研究　39

| コラム | 課題困難的対応生徒指導 |

　課題困難対応的生徒指導として、保護者対応を含む SNS トラブルの事例を紹介する。高校 3 年の K くんは、無断で画像を使用したり悪口を言ったり等の SNS 上のいやがらせ行為により、交際していた A 子さんに強い恐怖心を感じさせたことでトラブルに発展し、特別指導の対象となった。しかし、校長室で K くんは長時間泣き叫び続けながら自分の頭をテーブルに打ちつけ、興奮した状態でこの特別指導を断固拒否した。同席した保護者も K くんを弁護し、様々な手を回して学校へ圧力をかけて指導の撤回を求めてきた。その強固な拒否の背景には、数日後に控えていた文化祭のクラス発表で演劇の主役を務めるのに、特別指導のために主役ができなくなる可能性があることにあった。

　そのような拒否の様子に、周囲への影響を考慮し、「A 子さん了解の下、演劇発表限定」という条件付きでの K くんの文化祭参加が翌日の職員会議で校長から提案されたが、結果として A 子さんと職員から了解を得られず、当初の予定どおり特別指導の実施が決定した。その後、学級担任や学年職員からの粘り強い指導により、最終的に K くんは特別指導を受け入れた。しかし、それから卒業までの半年間この問題は後を引き、何度となくトラブルが発生し、そのたびに学校側の指導に対する不満を K くん本人と保護者が訴え続けることになった。

　転機となったのは、教育相談担当の教員が SC と協力して母親にカウンセリングを行ったことにある。母親が強く抗議した理由の背景に、成績優秀な兄を持つ母親は幼少期から常に兄と比較されて育ち、いつかは兄や両親（K くんの祖父母）を見返したいという気持ちが高まり、K くんが演劇の主役に抜擢されて見返せると思った矢先に特別指導になったということが分かった。面接を通して次第に母親は冷静になり、学校側の指導方針や K くんへの配慮ある指導と支援の必要性に理解を示すようになった。やがて K くんの気持ちも安定してトラブルが減少し、最終的には希望の大学へ合格を果たして無事に卒業した。

　このように、生徒の問題行動の裏には、保護者の抱える問題が潜む場合がある。担任や学年職員だけでなく組織で対応し、生徒の家庭環境も十分考慮した上で適切な対応をする必要があることも忘れてはならない。

（佐藤　啓之）

第 14 章

性

....

1 性犯罪・性暴力への対策強化と早期発見・早期対応

今日の社会情勢の変化によって、社会は急速に複雑化を促し、子どもに対する性犯罪・性暴力が巧妙で複雑化しているものと危惧される（SNS やゲームソフト、様々なアプリによる交流から発展するケースなど）（文部科学省, 2022；亀岡, 2012）。その性犯罪及び性暴力は、被害者の尊厳を著しく踏みにじる行為であり、被害者の心身に長くネガティブな影響を及ぼすことからも、その防止及び支援が必須となる（文部科学省, 2022）。

2020（令和 2）年には、政府の性犯罪・性暴力対策強化のための関係府省会議において、「性犯罪・性暴力対策の強化の方針」が決定され、児童生徒が生命を尊重し、どのような形でも性犯罪・性暴力に関わらないために、全国の学校において生命の安全教育の推進が求められている。

性に関する法規等について補足すると、2003（平成 15）年に「性同一性障害者の性別の取扱いの特例に関する法律」の成立と、性同一性障害（GID：Gender Identity Disorder）への社会的関心の高まりから「児童生徒が抱える問題に対しての教育相談の徹底について」（文部科学省, 2010）を発出し、性同一性障害に係る児童生徒に対してその心情等に十分配慮した対応をするよう要請した。さらに、2015（平成 27）年には「性同一性障害に係る児童生徒に対するきめ細かな対応の実施等について（性的マイノリティへの対応も含まれる）」が発出され、具体的な配慮事項などが明記されている。また、2012（平成 24）年に見直しが行われ閣議決定された「自殺総合対策大綱」において

は、「自殺念慮の割合等が高いことが指摘されている性的マイノリティについて、無理解や偏見等がその背景にある社会的要因の一つであると捉えて、教職員の理解を促進する」ことの必要性が示された（自殺総合対策大綱はその後見直しが進められ、コロナ禍の自殺の動向も踏まえつつ、新たに子ども・若者の自殺対策のさらなる推進・強化や、女性に対する支援の強化を追加し、2022（令和 4）年 10 月 14 日に閣議決定された）（文部科学省，2022；厚生労働省，2022）。

　性に関する指導は学習指導要領に基づいて、体育科・保健体育科・特別活動等をはじめとした学校教育活動全体で指導するよう定められている（『学習指導要領解説　保健体育編』参照）。事前計画に基づいた主な指導のポイントは以下 4 点にまとめられる。なお、実施にあたって近隣地域の医療関係者や SC に協力してもらうことを推奨したい。

① 　子どもの発達段階に応じた内容（心理学では、避妊行動について「知識」のみならず、「性に対する価値観・態度の形成」が重要としている）

② 　学校全体で共通理解を図る（管理職を中心としたマネジメントが重要）

③ 　保護者の理解を得る（連携と協働が必須。例：お便り等による事前説明）

④ 　全体への指導内容と個別に指導する内容の区別（学校全体で共通理解を図る）

　性に関する問題に限らず、子どもに関する問題に対して「子ども本人の様子（表情・言動）」を手がかりに、早期発見と迅速な対応が求められる。特に、養護教諭は子どもの性トラブルに関する情報を得る機会が多いことが想定されることから、養護教諭と学校内教職員・SC や SSW が情報共有の下に連携して、チーム体制による早期対応を徹底することが肝要となる。

2　性犯罪・性暴力への未然防止教育と被害者への対応

（1）性犯罪・性暴力への未然防止教育

　性犯罪・性暴力には、性的虐待、DV（配偶者など親しい相手による暴力[*1]）、SNS を通じた被害、セクシャルハラスメントなどが挙げられ、これらに対する未然防止教育が重要な対策とされる（図14-1）。

　なお、未然防止教育では、被害の実態を正確に理解することで被害が生じないための（相手の意思を尊重した）言動を選択できることが目指されており、発達段階ごとに具体的な取組が設定されている。

① 　小学校高学年や中学校の段階では、裸の写真を撮らせる・送らせることは、性的加害であり犯罪に至る危険があることを理解させる。

② 　中学校や高等学校の段階では、デート DV 等を例に挙げ、親密な間柄

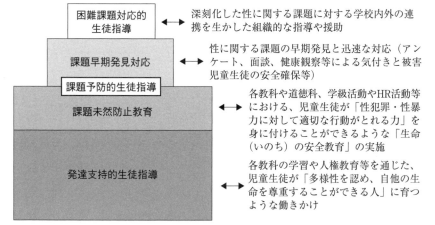

図 14-1　性犯罪・性暴力に関する生徒指導の重層的支援構造
（文部科学省，2022）

---

*1 　若年層において、デート DV（交際相手間に生じる心身への暴力・性的暴力など）における①性行為の強要、②避妊の協力拒否、③ヌード撮影の強要行為による被害が懸念される。

でも相手が嫌ということはしない、という認識の醸成に向けた指導を行う。

③ 高等学校や大学等の段階では、レイプドラッグの危険性や相手の酩酊状態に乗じた性的行為の問題、セクシャルハラスメントなどの性的暴力について周知する。また、相手の望まない性的な行為は全て性暴力に当たること、性暴力は決して許されないものであり、悪いのは加害者であって被害者は悪くないこと、性暴力は刑法の処罰の対象になることを理解させる。

（2）「生命（いのち）の安全教育」

2021（令和3）年に文部科学省と内閣府により「生命（いのち）の安全教育」基盤作りのための教材及び指導の手引き等が作成され、発達段階ごとに生命の安全教育の目的を設定している。この中で性犯罪・性暴力に対して①加害者にならないこと、②被害者にならないこと、③傍観者にならないための教育と啓発を行っていくこと、④児童生徒・社会に対して①〜③などを発信すること、の重要性が明示された（表14-1）。しかし、諸外国と比較して、日本における性に関する教育は知識を教えるだけで、性における対人スキルのトレーニングやディスカッションが不十分である可能性がある。今後は、各発達段階におけるねらい（表14-1）に基づいた上で、学校での授業や家庭において積極的に実施される必要がある。

文部科学省による「生命（いのち）の安全教育」の教材（文部科学省のHP上にスライド教材と動画教材が用意されている）は、とても参考になる。各学校・教員がそれぞれの授業状況に応じて活用しやすいよう設計されている。なお、授業後に、児童生徒が性暴力被害を受けた、あるいは受けていることを開示してきた場合の対応を事前に検討しておく必要がある（文部科学省，2022）ことは留意事項としておさえておきたい。

表14-1　「生命（いのち）の安全教育」の各段階におけるねらい

段　階	ねらい
幼児期	幼児の発達段階に応じて自分と相手の体を大切にできるようにする。
小学校 （低・中学年）	自分と相手の体を大切にする態度を身に付けることができるようにする。また、性暴力の被害に遭ったとき等に、適切に対応する力を身に付けることができるようにする。
小学校 （高学年）	自分と相手の心と体を大切にすることを理解し、よりよい人間関係を構築する態度を身に付けることができるようにする。また、性暴力の被害に遭ったとき等に、適切に対応する力を身に付けることができるようにする。
中学校	性暴力に関する正しい知識を持ち、性暴力が起きないようにするための考え方・態度を身に付けることができるようにする。また、性暴力が起きたとき等に適切に対応する力を身に付けることができるようにする。
高校	性暴力に関する現状を理解し、正しい知識を持つことができるようにする。また、性暴力が起きないようにするために自ら考え行動しようとする態度や、性暴力が起きたとき等に適切に対応する力を身に付けることができるようにする。
特別支援学校	障害の状態や特性及び発達の状態等に応じて、個別指導を受けた被害・加害児童生徒等が、性暴力について正しく理解し、適切に対応する力を身に付けることができるようにする。

（文部科学省，2022）

（3）被害者への対応

　性的虐待や性的被害などに遭遇した子どもの一定数は「心的外傷後ストレス障害（PTSD：Post-Traumatic Stress Disorder）」を発症することが報告されており（強制性交等の対人トラウマの場合は被害者の約25%が発症）（亀岡，2012；Alisic, et. al., 2014）、被害を受けた子どもへの聴き取りもきわめて専門的な関わりが必要になってくる（例えば、聴き取り調査を焦らないことが肝要など）。学校内においては、養護教諭、学級担任、学校医、SCやSSWなどが連携して援助していくとともに、外部の専門家チーム（教育委員会の指導主事や性暴力被害対応ができる心理専門家など（亀岡，2012）や関係機関及び医療機関などと連携して対応に当たることが重要である。

3　性的マイノリティへの対応

　性的マイノリティのカテゴリーとして LGBT が挙げられる。これは、レズビアン（Lesbian 女性同性愛者）、ゲイ（Gay 男性同性愛者）、バイセクシャル（Bisexual 両性愛者）、トランスジェンダー（Transgender 身体的性別と性自認が一致しない人）といった4つの性的なマイノリティの頭文字をとった総称のことで、性の多様性を表す（文部科学省，2022：田中 他，2017）。ほかに、Q（クエスチョニング）を加えた LGBTQ、＋（プラス）を加えた LGBT ＋などのカテゴライズがある。Q（クエスチョニング）とは性的指向が不明または不適切であるとされる人たちを指し、＋（プラス）とは LGBT に限らず、様々な性的マイノリティをカバーすることを示している（SDGs CONNECT）。また、Sexual Orientation（性的指向）と Gender Identity（性自認）の英語の頭文字をとった「SOGI」というカテゴライズが用いられる場合もある。

　性的マイノリティの当事者は、諸外国と比較して日本の人権意識の低さも何らかの影響があるのかもしれないが、これまで社会の中で偏見や理不尽な差別を受ける場合が多かった。学校教育においては文部科学省が 2017（平成29）年に、性同一性障害や性的指向・性自認に係る児童生徒に対するいじめ防止を目的として、「いじめ防止対策推進法」に基づく「いじめの防止等のための基本的な方針」を改定し、上記のことに対してまずは教職員自身が正確に理解すること、及び学校における必要な対応の周知を追記した（「第6章　いじめ」と関連）。実践を想定した例として、性的マイノリティ対象である子どもへのサポートの具体的事例を表 14-2 に示す（廣原・冨岡，2015）。

　性的マイノリティ当事者である子どもの保護者との連携・協働においては、そのような特性のある子どもを受容できていない保護者に対するアプローチがより重要と考えられる。このようなケースに対して学校は教職員全体で、表 14-2 の支援のほかにもお便りや授業（講演会）を通して子どもや保護者に向けた多様な性についての情報提供を継続的に実施して性的マイノリティに関する理解が深まるよう働きかけ、学級担任・養護教諭らは対象の子どもを受容

表14-2 性同一性障害が疑われる児童生徒に対し、養護教諭としてどのように学校に働きかけ、取り組むか

共通理解	情報提供	「保健だより」「講演会の実施」「教職員へ必要な情報の資料を配布する」「校内研修の実施」「学校医からの情報を提供する」
	情報交換	「職員会議での提案・検討」「関係職員との話し合い」「支援方法の確認」「保護者への対応方法の検討」
支援体制	連携	「学級担任」「関係職員」「管理職への報告・相談」「生徒育成部」「生徒指導部」「部活動顧問」「スクールカウンセラー」「家庭との連携体制づくり」「医療機関・専門機関」「教育相談部」「校内支援委員会」
	チーム支援	「支援体制づくり」「ケース会議の実施」
配慮	性同一性障害の児童生徒への配慮	「学校生活環境の整備」「制服の検討」「トイレの検討」「着替えへの配慮」「水泳学習への配慮」「プライバシーを守る」
	周囲の児童生徒への配慮	「集団保健指導の実施」「配慮方法の検討」「友人やクラスメイトへの理解を深める」
その他の回答		「本人の望みがかなうように働きかける」「一概には言えない」「困難を抱えていなければ特に学校へ働きかけない」「まずは保護者に働きかけ、医療機関で診断されてから学校全体で取り組む」「わからない」「保護者からの依頼があれば職員全体に知らせる必要がある」「人権問題であって養護教諭が中心に働きかけることはない」「いじめになっているようなら担当部署に要請する」

（廣原・冨岡（2015）を筆者改変）

注）「」部分は、小中学校・高等学校・特別支援学校の養護教諭に対する「性同一性障害が疑われる児童生徒がいると仮定した場合に、養護教諭として、どのように学校に働きかけ、取り組みますか」という質問への回答（自由記述）である。

しつつ本人のニーズを丁寧に聴き取った上で具体的な支援・対応に努める姿勢が求められる。対象の子どもの保護者に対しても、学級担任・養護教諭はまず受容と共感をもって真摯に接しつつ、傾聴によって保護者の想いや悩みを尊重した上で、心理教育を含めた包括的な支援を継続して行っていく姿勢が求められる。また、学校は対象の子どもと保護者へのより適切なサポートを提供する

ためにも、積極的に専門的な医療機関や都道府県等の精神保健福祉センター[9)]との連携協働体制を構築して、性的マイノリティ支援における正確かつ有益な情報や助言を得る働きかけが必須となる（対象となる子ども・保護者自身が性的マイノリティについて正確に理解していない場合が想定されるため）（厚生労働省）。

　性的マイノリティへの対応に限ったことではないが、当事者と家族の置かれている状況や心情を尊重した上で真摯に向き合う姿勢が何よりも求められる。

【引用・参考文献】

Alisic, E., Zalta, A. K., van Wesel, F., Larsen, S. E., Hafstad, g. S., Hassanpour, K., & Smid, G. E. 2014 Rates of post-traumatic stress disorder in trauma-exposed children and adolescents: meta-analysis. *The British Journal of Psychiatory* 204

廣原紀恵・冨岡志織　2015　性同一性障害に対する養護教諭の認識と支援について　茨城大学教育実践研究　34

亀岡智美　2012　子どものトラウマ　日本保健医療行動科学会年報　27

厚生労働省　2022　自殺総合対策大綱〜誰も自殺に追い込まれることのない社会の実現を目指して　令和4年10月14日閣議決定〜　https://www.mhlw.go.jp/stf/taikou_r041014.html（閲覧日2023年11月18日）

厚生労働省　性的マイノリティに関する理解増進に向けて〜厚生労働省の取組〜性同一性障害に関する相談体制について「全国精神保健センター一覧」　https://www.zmhwc.jp/centerlist.html（閲覧日2023年11月18日）

文部科学省　生命の安全教育教材・指導の手引き　2020　生命の安全教育　https://www.mext.go.jp/a_menu/danjo/anzen/index2.html（閲覧日2023年11月18日）

文部科学省　2022　生徒指導提要（改訂版）第12章　性に関する課題　https://www.mext.go.jp/content/20230220-mxt_jidou01-000024699-201-1.pdf（閲覧日2023年11月18日）

文部科学省　生命の安全教育　各段階別 教材・授業展開例等　https://www.mext.go.jp/a_menu/danjo/anzen/index2.html（閲覧日2023年11月18日）

SDGs CONNECT　日本のLGBTの現状−教育や仕事など分野別に課題を紹介　https://sdgs-connect.com/archives/53956（閲覧日2023年11月18日）

田中敏明・貞末俊裕・武谷美咲　2017　LGBTの知識と理解に関する世代間格差　九州女子大学紀要　54（2）

第15章

多様な背景を持つ児童生徒への生徒指導
·········

　今回の生徒指導提要の改訂においては、生徒指導は文字どおりの「指導的なイメージ」が主ではなく、変化の著しい現代社会の中で全ての子どもが自分らしく生きるために、子どもたちの自発的・主体的な成長・発達プロセスを支える教育活動であることが重視されている。世界情勢及び近未来の社会を想定すると、虐待児やLGBTQの子ども（それぞれ第9章、第14章を参照）と保護者、神経発達症や精神疾患のある子どもと保護者、経済的に困窮している子どもと保護者、そして諸外国に自身のルーツがあるもしくは海外生活歴といった多様な言語・文化の背景を持つ子どもと保護者を意識した生徒指導が求められる。日本を含む世界が多様性（ダイバーシティ）と包括（インクルージョン）を目指していく未来では、上記の多様な背景を持つ児童生徒に対する正確なアセスメントに基づいた関わりが重要である。またアセスメントの精度を高めるためには、児童生徒の様々な背景についての正確な知識を持つことが教員には求められる。本章では様々な背景を持つ子どもの特性と関連事項について解説をしていく。

1　発達障害

　発達障害者支援法における神経発達症あるいは発達障害の定義では、①障害は個人の心身機能が要因であるという医学モデルと、②「障害者の権利に関する条約」の中で示された、障害は社会や環境の在り方や仕組みがつくりだしているという社会モデルの2つの考え方が反映されている。教員は①の正確な理

解と、②に基づいた学校現場での子ども支援という2つの役割に貢献すること
が大いに期待される。

（1）　自閉スペクトラム症・自閉症スペクトラム障害（ASD：autism spectrum disorders）

　他者への関心や共感性の低さ、言語発達の遅れ、比喩表現の理解力不足、興
味や関心が狭く特定のものにこだわることを特徴とする（文部科学省，2017；
原田 他，2022）。また、先の見通しが立たないことへの不安が強く、イレギュ
ラー対応が求められる学校生活の場では、大きな不安感・ストレスを抱える可
能性が高い。そのため、学校活動の見通しがもてる工夫や、場面対応事前練習
といった個別の配慮が求められる。

（2）　注意欠如多動症・注意欠如多動性障害（ADHD：attention deficit hyper-activity disorder）

　年齢あるいは発達段階に不相応な注意力や集中力のなさ・衝動的・落ち着
きがないといった特徴があり、日常生活や学業面・対人関係に困難を示す（東
京都教育委員会，2022）。自分の感情や行動制御が弱く（悪意があるわけでは
なく無意識に取った）行動が、結果として問題となるケースがしばしばみら
れる。早とちり・ケアレスミス等による失敗も、定型発達児と比較してより多
く経験している。また、教員の指示に対応できない、友人とのルールや約束が
守れない傾向があるため、対人関係のトラブルが生じやすい。これらのことか
ら、周囲から注意や叱責を受ける機会が多い傾向にあるため、自己評価や自己
効力感が低くなる傾向がみられる（二次的障害）。そのため、口頭で伝えるだ
けでなく、視覚情報を活用した伝達方法の工夫や、事前に周囲の理解を得る働
きかけ等といった配慮が求められる。

（3）　限局性学習症・学習障害（LD：learning disorder）

　全般的な知的発達に遅れがないものの、「読む」「書く」「計算する」「推論
する」能力のうち、特定のものの習得と使用に著しい困難を示す（原田 他，

2022）。行動上は、課題そのものは理解できるが、課題（学習）への取組に対して成果が上がらず、できる・できないのギャップが極端に大きいため、本人のモチベーション不足・努力不足と評価される傾向にある。ADHD 同様、失敗経験の蓄積によって学習に対する自信や意欲の低下を招きやすい（二次障害）（文部科学省，2017）。

（4） 学校における組織的対応

1） 学校内における対応

効果的に校内の支援体制を機能させるため、特別支援教育コーディネーターを中心に校内委員会での検討が必須となる。校内全体の指導支援方法としては、対象を階層構造で促え、「学級全体への指導や支援（障害の有無に関係なく）→ 学級内で個別指導支援 → 個別的な場（例：通級）で個別指導支援」という、学習面・行動面・対人関係における指導支援をアセスメントに基づいて進めることになる（東京都教育委員会，2022）（図 15-1、表 15-1）。

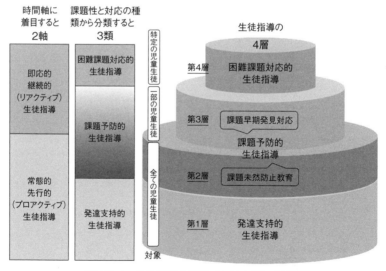

図 15-1　生徒指導の構造（2 軸 3 類 4 層構造）
（東京都教育委員会，2022）

表15-1　学校における組織的対応

	支援の例	期待される成果
学習面	本人の強みを生かした、合理的配慮による指導支援	周囲からのポジティブな評価を得られる機会を増やすことにより、対象児の自己効力感・有用感の低下を回避
行動面	①具体的に適切な行動例を提示して覚えてもらう、②ロールプレイを通して実際に練習してみる	成功体験の蓄積によるモチベーションの向上
対人関係	イラストやロールプレイによる練習（安心して失敗できる環境の下で）	成功体験の蓄積によるモチベーションの向上

　学習面については、本人の強みを評価しつつそれを基に指導・支援を行い（合理的な配慮と組み合わせて）、ポジティブに評価される機会を増やす学習方法が、本人の自己効力感・有用感の低下を防ぐことにもつながると思われる。

　行動面については、対象の子どもによって生じた（問題）行動だけに注目せず、きっかけになったことや行動の結果など前後関係を通して要因を分析する（例：応用行動分析の考え方を活用）。結果としての失敗に対して、具体的に適切な行動を提示し、ロールプレイも含めて実行できたら褒める等のフィードバックを行い、学習面同様に成功体験の蓄積を支援する方法を推奨する。

　そして、対人関係における課題については、イラストやロールプレイによるトレーニングのような、具体的な指導・支援が効果的である。

　発達障害のある子どもは、定形発達児と比較して不安や悩みを相談したり、困ったときに助けを求めたりすることが苦手な傾向にあり、結果として自分で物事を解決する経験が少ない傾向にある。二次的障害を防止するためにも、担任教員や養護教諭に限定せず、学校内に子どもの悩みや不安を受容できる、またいつでも相談できる人材・空間を確保する必要がある。

　例えば、発達性読み書き障害のある子どもへのサポートの一つとして、合理的配慮の側面からICTの活用が挙げられる。読み書きスキル向上に有効と考えられているデジタル教科書の利用や、タブレットを用いて板書内容や自分の考えを入力する方法が考えられる。

2）関係機関との連携

　生活・学習上の困難さに関する特性の捉え方とそれに対する指導・支援の方法に関する関連機関からの情報提供は、発達障害の子ども・保護者・学校にとってきわめて重要なものとなる。関係機関の連携先には、小児科・発達クリニック・心療内科等の医療／療育機関や、教育委員会の巡回相談員や専門家チーム、センター的機能を有する特別支援学校・発達障害者支援センター等があり、発達上の課題の検査による分析・評価を基にした指導や助言が行われる。

　これら関係機関と効果的な連携をするために、①支援の目的と内容の明確化、②保護者との信頼関係、③個別の教育支援計画の活用がポイントとなる。特に③は関係諸機関との情報共有にもなる有効な支援ツールとなり、児童生徒の特性を尊重した関わりが可能となる。とりわけ、学校教育を受けている期間（幼稚園等、小学校・中学校・高等学校・大学等の学校）において、校種間で正確に引き継ぐ必要のある重要な資料になることも強く意識し、責任をもって正確に記録することが望まれる。

2　精神疾患

　生徒指導上の課題の背景の一つに精神疾患が挙げられる。思春期以降に発症する精神疾患が複数あるが、自分で疾患と気付きにくい、初期症状が誰にでも起こり得るもの（不眠など）であるという理由から対応されない、あるいは見逃されるケースも少なくない。教員が普段から子どもをよく「みる」ことで、子どものネガティブな変化を発見できるように努め、同時に生活リズム・生活環境の改善を啓蒙する必要がある。そのため、子どもに関わる主な精神疾患に関して理解しておくことも大切になる。

（1）　うつ病（気分障害、感情障害）

　①抑うつ気分・興味や喜びの喪失・自責感といった感情の症状、②意欲や行動・注意や集中力・自己評価の低下（自信の喪失）、③思考の障害、④易疲労性、食欲低下や睡眠障害などの身体症状等が挙げられる。一方、気分が高揚し過活動状態となる躁状態も症状の一つである。これらうつ状態と躁状態が繰り返される場合は躁うつ病と呼ばれ区別される。なお、不眠とうつ病の関連が報告されていることから（熊谷・北島，2022）、生活リズム・環境調整の啓蒙が必要になる。

　また、ストレス脆弱性との関連も指摘されていること（堀，2022）、有酸素運動による改善が報告されていることから（Jiau, et. al., 2023）、軽中度の症状に関しては、医療機関の承諾の下、学校における運動プログラムや生活スケジュール指導等におけるペースメーカーといった具体的な支援が期待できる。

（2）　統合失調症

　統合失調症は、ドーパミンなど脳の神経伝達物質が原因とする仮説もあるが、原因不明のままであり、幻覚・妄想・まとまりのない思考や行動・意欲の欠如などの症状で、本人が病気であることを自覚しないことが多い。罹患率は平均100人に1人といわれており、誰にでも起こり得る可能性があり、思春期から青年期に発症するケースが多く見られる（American Psychiatric Association, 2013）。感情鈍麻・モチベーション低下などの症状、記憶・注意・遂行機能などの低下といった特徴もみられる（文部科学省，2017）。精神科における早期の治療が肝要である。

（3）　不安症群（パニック・全般不安・社交不安・分離不安・恐怖症など）

　人前での緊張を特徴とする社交不安症、動物や高所への恐怖症、突然の動悸を中心とするパニック症は10代で始まることが多くみられ、ケースによっては回復に時間を要することもある。不安症とうつ病（気分障害、感情障害）の関連性も報告されているため、他の疾患同様に医療機関での早期の受診と治療が必要となる。

（4）摂食障害（神経性やせ症と神経性過食症・過食性障害）

神経性やせ症・神経性無食欲症（AN：Anorexia Nervosa）（American Psychiatric Association, 2013）は、10代（特に思春期）に発症するケースが多いが（日本摂食障害学会, 2012）、小学生の発症や成人期に発症する例も報告されている。身体像の歪み・痩身への執着・過活動・運動強迫といった心理面に関する特性がある。身体面において、著しい低体重による月経不順、自覚がないことによる体脂肪減少や女性ホルモン減少から骨粗しょう症・身長発育への悪影響の可能性がある。

一方の神経性過食症では、過食及び過食を止められない失コントロール感が伴い（例えば、夜中に過食をして生活リズムが乱れるなど）、その後に代償行動（自己誘発性嘔吐など）がパターン化していく。なお、代償行動の程度が軽い場合は、過食性障害とされる。

治療は、身体面と心理面への両方のアプローチがなされ、ケースによっては、家族関係の改善やコミュニケーションの支援が必要となる。

3　健康問題

近年における児童生徒は周囲の環境等の要因によって、肥満（保護者の影響含む）（李, 2013）・痩身（摂食障害を含む）、生活習慣の乱れ（例えば、睡眠不足・ゲーム依存）、メンタルヘルスや身体的な不調・性に関するものを含めた対人トラブル（SNSを介した案件も含む）（木村 他, 2018）など、多様な健康問題を抱えやすい状況にある。身体的な不調の背景には、いじめ・児童虐待・不登校・家庭における貧困などの要因が関連しているケースもあると考えられている（文部科学省, 2017；原田 他, 2022）。

このような多様化・複雑化する健康課題については、学校単独で解決を試みるのではなく外部機関による専門的な視点から対応がなされる必要があり、その一方で学校内においては養護教諭が今まで以上にその専門性を発揮して中心的な役割を果たすことが期待される（文部科学省, 2017）。

学校における児童生徒の健康課題については「学校保健安全法」が法規として定められているが、児童生徒における健康課題対応の参考資料等として、以下が提供されている。

① 「学校保健の課題とその対応」（公益財団法人 日本学校保健会，2020）
② 「教職員のための子供の健康相談及び保健指導の手引」（公益財団法人 日本学校保健会，2021）
③ 「学校保健、学校給食、食育」（文部科学省ホームページ）
④ 「e-ヘルスネット」（厚生労働省開設サイト）

　前述したとおり、児童生徒の心身の健康課題の背景は多様化していることからも、まず学級・ホームルーム担任や養護教諭及び SC・SSW をはじめとする関係者間における情報共有によって、該当する児童生徒への多面的なアプローチを行う。そして、その結果を基に医療・関係機関との連携による効果的な対応の可能性を模索する体制が必要である。該当する子どもの問題行動が本人の心身の健康面を背景要因の一つとする可能性があることを考慮した視点をもつことも大切にしたい。

4　支援を必要とする家庭

　社会情勢の変化に伴って家庭状況も多様化が進み、各世帯によって子どもに対する家庭の機能の度合いに幅が生じていることが推測される。そのため、家庭が十分に機能していない場合は、何らかの形で学校が支援することとなる。ここでは、まず条約と法律を通して子どもに対する国・世界のスタンスを踏まえた上で、学校が介入できる支援について説明する。

（1）　児童の権利に関する条約（子どもの権利条約）
　「児童の権利に関する条約（子どもの権利条約）」は、1989（平成元）年、国連総会において採択され、我が国は 1994 年に批准した。この条約は、18 歳

未満の子どもが「生きる権利」「育つ権利」「守られる権利」「参加する権利」の4つの権利を持つことを原則としており、家族を社会の基礎的な集団と位置付け、子どもの成長・福祉における環境を重視することと、家庭において子どもが愛情を持って育てられることを認めたものである。また、子どもにとって劣悪な家庭環境である場合、国家が「児童の福祉に必要な保護及び養護を確保することを約束し、このため、全ての適当な立法上及び行政上の措置をとる」（外務省）とその前文で示している。

（2）児童福祉法

　子どもの権利条約を踏まえ、「対象年齢が18歳未満である児童の保護者は、児童を心身ともに健やかに育成することについて第一義的責任を負う」とした上で、「国及び地方公共団体は、児童の保護者とともに、児童を心身ともに健やかに育成する責任を負う」と定めている（文部科学省，2017）。ここで重要なのは、保護者の養育権限と責任の明示のみならず、行政機関にも養育責任を課している点である。子どもに関わる案件について、福祉・医療・教育などあらゆる領域の行政が直接介入することもあり得るとしており、それだけ児童生徒の育成の重要性が強調されている。

　なお、児童福祉法により、行政が積極的に介入することが求められる児童生徒等の区分には、①要保護児童、②要支援児童、③特定妊婦の3つがある（それぞれについては、次項の4）を参照されたい）。該当する子どもについては、児童虐待と同様に児童生徒本人や保護者の意向にかかわらず、通告の義務や情報提供の努力義務が課せられている（守秘義務は適用されないので、学校は福祉機関に正確に情報を伝えることが求められる）（文部科学省，2017）。

　学校は、社会の中で「最も子どもに近い存在の一つ」であることからも、教職員一人一人が子どもたちの様子を丁寧に観察し、効果的なサポートの提供、外部支援機関に接続する役割があることを改めて強く認識することが求められる。

（3）学校が介入する支援

　学校関係者が注意しなければならない点は、①支援対象家庭の教育方針等を安易に否定しないこと、②一方的な指導を避けることである。各家庭そのものを尊重し、その多様性を認めた上で、支援対象家庭と協働するという姿勢で関わる必要がある。

　各家庭に問題がある場合はその背景要因を検討し、建設的に協議を進めて（内容によっては外部関係機関につないで）、事態の改善を図ることが求められる。ここでは、保護者との協働を試みる上で心理アプローチ（例えば、カウンセリングマインドを活かした支援（原田　他，2022）や認知行動療法など）のスタンスが実践する上で役立ってくる。保護者との連携においては、「親（保護者）は自分の子どもの専門家であり、教師とともに子どもを支援するという点で、保護者と教員は対等なパートナー」（田村・石隈，2003）であることを強く意識し、尊重する態度を忘れずにいる必要がある。

1）家庭支援における学校の役割

　現代社会は、家庭（という価値観）の多様化が進んでいる。虐待・経済的困窮・保護者が要介護の状況（例えば、ヤングケアラーの問題）（河本，2020）・母国語が日本語でない保護者による子育てなど、家庭には程度の違いはあるが様々な事情があり、不適切な子育てとなることも十分想定される。

　ここで留意する点は、学校や担任だけで保護者指導・支援対象家庭へ介入をしないようにすることである。子どもに関する問題や負のリスクが生じる場合には、行政（例えば、福祉機関）が保護者の意向とは別に子ども支援を目的として家庭への介入を進めることになる。学校は行政と協力連携しつつ、学校が独自に持つ機能で子ども・保護者をサポートすることが求められる。つまり、学校や教員単独で抱え込まず、学校組織として生活指導・教育相談を進めるのである。

　原則として、学校による家庭へのサポートは「保護者の了解や同意」を前提しているが、保護者の一定数は家庭の問題を学校に伝えることに抵抗感があるため（田村・石隈，2003）、日頃から保護者と学校（教職員）との信頼関係の構築に努める必要がある。

2) 家庭を訪問する場合の留意点

子ども本人・保護者と連絡がつかないケース（電話に出ない、メール等の返信がないことを含む）においては、教員が対象の子どもの家庭を訪問することになるが、子ども本人や保護者の気持ちを配慮した行動が必要となる。「不登校児童生徒への支援の在り方について（通知）」（文部科学省，2019a）では、家庭訪問にあたって、対象の子どもの家庭のプライバシーへの配慮、家庭を訪問する目的の明確化、訪問方法やその成果を検証して実施することを明記しており、対象の子ども及び保護者に対する学校（教員）の誠実な対応の徹底を求めている。間違えても、訪問によって不信感を招き、信頼を損なうことは避けたい。

3) 家庭支援における福祉・司法との連携

学校は、通告や情報提供など法令に定められた場合も含め、福祉機関や警察と適切に連携する必要がある（例えば、安否確認などの家庭の監護に関する最終判断は福祉や司法の範疇_{はんちゅう}）。家庭の援助要請に対しては、家庭教育支援チームや子ども家庭総合支援拠点などを保護者に紹介し、これらの機関と保護者をつなぐなどして、効果的な家庭支援をファシリテートすることが求められる。

4) 特に行政が積極的に支援するケース（要保護児童・要支援児童・特定 妊婦）

「要保護児童」とは、児童福祉法の条文に、「保護者のない児童又は保護者に監護させることが不適当であると認められる児童」と記されている。「要支援児童」とは、支援がないと児童虐待や非行などの要保護児童になるリスクがある段階の子どもと定義される。虐待などの深刻な問題が発生する前の段階（予防的段階）で、子どもの支援体制の枠組みを構築することによって事態の深刻化の防止を試みる。ヤングケアラーや貧困状態にある子どもも、要支援児童や要保護児童に該当する可能性があるため、この枠組みを用いて福祉（自治体の児童福祉担当部署など）と連携する必要が生じる。上記内容の児童生徒は、学校において援助を受けられる制度がある。例えば、経済的理由で就学が困難な場合は、学用品費や学校給食費などの一部が援助されている。

特定妊婦（児童生徒が妊娠）においては、「妊娠 SOS」 等の相談機関への情報提供と医療機関への連絡調整、保健所など関係機関との業務連携による多角的な支援が必要になる（文部科学省，2017）。対象となる子どもが学業の継続等を希望している場合は、「公立の高等学校における妊娠を理由とした退学等に係る実態把握の結果等を踏まえた妊娠した生徒への対応等について」に基づいた丁寧な対応が求められる（例えば、体育の実技への配慮など）（文部科学省，2017；2018）。

5）経済的困難・ヤングケアラー・社会的養護・外国人児童生徒等の支援

① ヤングケアラー

ヤングケアラーとは、家族にケアを要する人がいる場合に、大人が担うようなケア責任を引き受け、家事や家族の世話、介護、感情面のサポートなどを行っている、18 歳未満の子どものことを表す（国によってヤングケアラーの定義は異なる）（一般社団法人 日本ケアラー連盟）。対象となる子どもが年齢相応な必要なキャリア（学習・友人との交流・部活動他）を積めないことが大きな問題であり、また要支援児童かつ介護者やケアラーといった二重性であることから、学校・教員が本人の気持ち（家族へのケアを生き甲斐としている場合もある）に配慮しつつ SSW や市町村の福祉部門等多くの機関との連携によって、要介護者など家族も視野に入れた具体的かつ多角的な支援をすることが求められる。

② 社会的養護

社会的養護とは、「保護者のない児童・保護者に監護させることが適当でない児童（要保護児童等）を公的責任で社会的に養育や保護を行うこと」（こども家庭庁）を表す（例：児童養護施設で子どもを育てる）。学校は組織全体として、施設・里親と連携して支援に取り組むことが求められ、また学校内では対象となる子どもの精神的健康を含めた相談サポート活動など繊細な配慮に基づいた対応が必要となる（関わり方や心理関係の情報提供を含めて SC との連携が必須）。

近年の状況として、施設より家庭での養育というスタンスから、社会的養護の対象となる子どもの養子縁組が推奨される傾向にある。また、養子となる

お子さんの実親（生みの親）との法的な親子関係を解消し、実の子と同じ親子関係を結ぶ特別養子縁組も増加している（厚生労働省）。養子に対する社会全体のスティグマはまだまだ存在すると思われ、学校現場では授業・行事等で対象となる子どもが辛い思いをするケースが想定される。そのため、日々の授業を含む学校生活において、偏見や差別を超えた価値観を持つための指導・SEL等の心理教育や心理的サポートがとても重要になってくる。

③　外国人児童生徒等

1990（平成2）年以降、多様な文化的・言語的背景をもつ外国人児童生徒が急増し（山田・庄司, 2012）、外国につながる児童生徒（外国籍だけでなく、海外から帰国した子ども、国際結婚家庭の子ども）が一定数いる。日本の学校には多様な文化的・言語的背景に起因する複合的な要因から不登校やいじめ・中途退学等に至るケースがあることから、学校現場において予防を含む積極的な対応が求められている。教職員が児童生徒や保護者に寄り添う姿勢はもとより、子どもたちの間で多様性を認めた相互に尊重する関係性づくりのための現場実践に努めてほしい。具体的な生徒指導として、以下に2つの視点を示す。

〈居場所づくり〉

日本語が分からないことや、日本の文化に対するカルチャーショックによって大きな精神的不安やストレスを抱えることが、入学もしくは編入学当初に生じる可能性が高い。

そのため、学級担任は温かな姿勢で子どもを迎え入れる必要がある。例えば、当該児童生徒の母語と日本語の両方の言語による挨拶で迎え入れ、ゆっくりはっきりした口調で分かりやすい日本語を用いて話すやり方がある。また、長所をみつけてクラスの皆の前で褒めて、自己肯定感が持てるよう働きかける。

このような関わりは、児童生徒のロールモデルとなり、さらには全教職員が足並みを揃えることで、教室や学校は温かい環境としての居場所となることができる。

〈かけがえのない自分づくりへの支援〉

学校生活を送る中、「自分が何者か」という帰属意識や周囲から自分が認め

られているという感覚が脅かされるようなアイデンティティの危機に遭遇することがある。母国の文化を奪われ、マジョリティの言語や文化（例えば、ルール）に同化させられる場に学校はなり得るため、担任教師や学校はこの点を十分に理解した支援が必要になる。

　保護者が日本語を話せないケースや、子どもが家族の世話をしているといったヤングケアラーの場合は、学校側から対象となる子ども本人や保護者のニーズを調査し、外部機関と連携・協働を進める必要がある。

　なお、外国人児童生徒等をめぐる生徒指導の実施にあたっては、「外国人児童生徒受入れの手引き（改訂版）」（文部科学省，2019a）や「外国人児童生徒等教育に関する動画コンテンツ」（文部科学省，2022）などが指導・支援の参考となるので、是非とも十分活用してほしい。

【引用・参考文献】

American Psychiatric Association 2013 Diagnostic & Statistical Manual of Mental Disorders, Fifth edition(DSM-5). American Psychiatric Publication, Washington, D. C.（日本精神神経学会監修　2014 DSM-5 精神疾患の診断・統計マニュアル　第 5 版　医学書院）

外務省「児童の権利に関する条約」前文　https://www.mofa.go.jp/mofaj/gaiko/jido/zenbun.html（閲覧日 2023 年 11 月 19 日）

原田恵理子・福田由紀・森山賢一編著　2022　教育心理学　大学教育出版

堀弘明　2022　うつ病の発症におけるストレスの役割　日本生物学的精神医学会誌　33 (4)

一般社団法人 日本ケアラー連盟　https://carersjapan.com/about-carer/youngcarer/（閲覧日 2023 年 11 月 15 日）

Jiayu Li, Xianxian Zhou, Zan Huang, Tianyi Shao 2023 Effect of exercise intervention on depression in children and adolescents: A systematic review and network meta-analysis. *Journal of affective disorders.* 2023 Oct. 11（Available online）

河本秀樹　2020　日本のヤングケアラー研究の動向と到達点　敬心・研究ジャーナル　4 (1)

木村敦・河合萌華・中嶋凌・山本真菜・岡隆　2018　高校生における認知熟慮性と SNS 利用リスクの楽観視との関連　日本教育工学会論文誌　42（Suppl.）

こども家庭庁　社会的養護　https://www.cfa.go.jp/policies/shakaiteki-yougo/（閲覧日 2023 年 11 月 15 日）

厚生労働省　里親や特別養子縁組という家族の"かたち"　https://www.mhlw.go.jp/stf/houdou_kouhou/kouhou_shuppan/magazine/202105_00002.html（閲覧日 2023 年 11 月 15 日）

熊谷怜子・北島剛司　2022　うつ病・うつ状態の睡眠障害　現代医学　69（2）

文部科学省　2017　現代的健康課題を抱える子供たちへの支援〜養護教諭の役割を中心として〜　https://www.mext.go.jp/a_menu/kenko/hoken/__ics Files/afieldfile/2017/05/01/1384974_1.pdf（閲覧日 2023 年 11 月 16 日）

文部科学省　2018　公立の高等学校における妊娠を理由とした退学等に係る実態把握の結果等を踏まえた妊娠した生徒への対応等について（通知）　https://www.mext.go.jp/a_menu/shotou/seitoshidou/1411217.htm（閲覧日 2023 年 11 月 15 日）

文部科学省　2019a　不登校児童生徒への支援の在り方について（通知）　https://www.mext.go.jp/a_menu/shotou/seitoshidou/1422155.htm（閲覧日 2023 年 11 月 15 日）

文部科学省　2019b　外国人児童生徒受入れの手引き（改訂版）　https://www.mext.go.jp/a_menu/shotou/clarinet/002/1304668.htm（閲覧日 2023 年 11 月 15 日）

文部科学省　2022　外国人児童生徒等教育に関する動画コンテンツについて　https://www.mext.go.jp/a_menu/shotou/clarinet/003_00004.htm（閲覧日 2023 年 11 月 15 日）

日本摂食障害学会監修　2012　疫学　摂食障害治療ガイドライン　医学書院

李青雅　2013　子どもの頃の家庭環境と健康格差：肥満の要因分析　季刊・社会保障研　49（2）

田村節子・石隈利紀　2003　教師・保護者・スクールカウンセラーによるコア援助チームの形成と展開 ― 援助者としての保護者に焦点をあてて ― 教育心理学研究　51

東京都教育委員会　2022　「生徒指導提要（令和 4 年 12 月）」のポイント（基礎編）　https://www.kyoiku.metro.tokyo.lg.jp/school/content/files/leaflet_seitoshidouteiyou/point_kiso.pdf（閲覧日 2023 年 11 月 19 日）

山田有芸・庄司一子　2012　外国人児童生徒教育における学校と家庭の協働 ― 生態学的発達理論に基づいて ―　筑波教育学研究　10

おわりに

　中央教育審議会が 2021（令和 3）年 1 月にとりまとめた答申において、「令和の日本型学校教育」という言葉を示しました。

　「日本型学校教育」とは子どもたちの知・徳・体を一体で育む学校教育と定義されています。

　我が国の学校教育は、明治時代からこれまで、知・徳・体を一体で育んでいくことを一貫して進めてきました。そこでは、これまでに学校が学習指導のみならず、実際には生徒指導の面についても重要な役割を担っていました。児童生徒の状況について詳細に、総合的に把握、理解し指導の充実を図っていたことによって、知・徳・体を一体で育む日本型教育が形づくられ今日に至っています。一方、現在の学校においては、子どもたちの多様化、いじめや不登校児童生徒数の増加、特別支援学校・支援学級に在籍する児童生徒の増加等、多くの課題を抱えています。

　今、学校には、全ての子どもにとって安心して楽しい居場所であることが求められています。

　「令和の日本型学校教育」は、これまで日本型学校教育が大きな役割を果たしてきたことを継承し、現代の多くの課題を乗り越えて進んでいく必要があります。その実現には、生徒指導面の充実は不可欠なものといえます。

　本書は、生徒指導における基本的理論と現代的実践的内容を踏まえて、体系的に学べるように構成されています。

　「令和の日本型学校教育」の実現に向けてご活用いただけることを、著者一同願ってやみません。

2024 年 5 月吉日

　　　　　　　　　　　　　　　　　　　　　　　　　　　　　森山賢一

索　引

執筆者一覧 （執筆順）

原田恵理子 （はらだ えりこ）
　東京情報大学総合情報学部総合情報学科 教職課程教授
　〈はじめに・第5章・第11章・第12章・第13章〉

森山　賢一 （もりやま けんいち）
　玉川大学大学院教育学研究科教授
　〈第1章・おわりに〉

古屋　　真 （ふるや あつし）
　駒沢女子短期大学保育科教授
　〈第2章・第7章・第7章コラム・第8章〉

田邊　昭雄 （たなべ あきお）
　東京情報大学総合情報学部総合情報学科 教職課程嘱託教授
　〈第3章・第4章・第6章〉

後藤広太郎 （ごとう こうたろう）
　東京農業大学生物産業学部教職課程 教授
　〈第9章・第10章・第14章・第15章〉

【コラム】

齋藤　美枝 （さいとう みえ）
　千葉県山武市立山武中学校教頭 　〈第4章・第6章〉

小高佐友里 （こたか さゆり）
　東京成徳大学大学院心理学研究科助教 　〈第11章・第12章〉

佐藤　啓之 （さとう けいじ）
　千葉県立千葉中学校教諭（千葉県教育庁教育振興部児童生徒安全課付）〈第13章〉

■ 編者紹介

原田恵理子 （はらだ えりこ）

現在、東京情報大学総合情報学部総合情報学科 教職課程教授。博士（心理学）
《主な著書》
『教育心理学』（編著、大学教育出版、2022 年）、『情報モラル教育』（編著、金子書房、2018 年）、『中学生・高校生のためのソーシャルスキル・トレーニング』（編著、明治図書出版、2015 年）など

森山 賢一 （もりやま けんいち）

現在、玉川大学大学院教育学研究科教授、玉川大学教師教育リサーチセンターフェロー、東京情報大学客員教授、東京薬科大学客員教授 他、中央教育審議会初等中等教育分科会教員養成部会委員など。博士（人間科学）
《主な著書》
『教育課程編成論 改訂版』（編著、学文社、2021 年）、『実践例から学ぶ教職の基礎』（編著、大学教育出版、2021 年）、『教員の在り方と資質向上』（編著、大学教育出版、2018 年）など

基礎基本シリーズ①
最新 生徒指導論 改訂版

2015 年 3 月 31 日　初　版第 1 刷発行
2018 年 9 月 20 日　初　版第 2 刷発行
2024 年 6 月 20 日　改訂版第 1 刷発行

■ 編 著 者 ——— 原田恵理子・森山賢一
■ 発 行 者 ——— 佐藤　守
■ 発 行 所 ——— 株式会社 大学教育出版
　　　　　　　　〒 700-0953　岡山市南区西市 855-4
　　　　　　　　電話（086）244-1268　FAX（086）246-0294
■ 印刷製本 ——— モリモト印刷㈱

ISBN978-4-86692-285-0

シリーズ紹介

基礎基本シリーズ② 『最新 進路指導論』

キャリア発達・自己実現を目指す進路指導に関する基礎的基本的な事柄を取り上げ、その基礎基本を理解した上で教師としての指導観や実践力を培うためのテキスト。

定価：1,500 円＋税　ISBN：978-4-86429-377-8　2015 年 3 月刊行

基礎基本シリーズ③ 『最新 特別活動論 第 3 版』

キャリア発達・自己実現を目指す進路指導に関する基礎的基本的な事柄を取り上げ、その基礎基本を理解した上で教師としての指導観や実践力を培うためのテキスト。

定価： 1,800 円＋税　ISBN：978-4-86692-108-2　2024 年 4 月第 2 刷刊行

基礎基本シリーズ④ 『教員の在り方と資質向上』

教職の意義及び教員の役割・職務内容の観点から、基礎的基本的な事柄を取り上げた、教職を目指す学生や教師力を高めたい現役の教師のためのテキスト。

定価：1,500 円＋税　ISBN：978-4-86429-529-1　2018 年 8 月刊行

基礎基本シリーズ⑤ 『最新 総合的な学習（探究）の時間』

総合的な学習（探究）の時間の基本について、共通性と連続性、及び一部異なる特性を解説し、児童生徒に求められる資質・能力を養うための実践を目指すテキスト。

定価： 1,500 円＋税　ISBN：978-4-86692-109-9　2021 年 6 月刊行

基礎基本シリーズ⑥ 『教育心理学』

言語力からみた学びを軸に、学ぶ主体者である児童生徒と教える側の教員の視点をおさえる構成で、文部科学省による「令和の日本型学校教育」が示す教育に活かすことができる内容となっているテキスト。

定価：2,000 円＋税　ISBN：978-4-86692-225-6　2022 年 10 月刊行